Ludger Fortmann OP
Pater Titus Horten
(1882–1936)

Ludger Fortmann OP

Pater Titus Horten
(1882–1936)

FREIBURG · BASEL · WIEN

MIX
Papier aus verantwor-
tungsvollen Quellen
FSC® C083411

© Verlag Herder GmbH, Freiburg im Breisgau 2015
Alle Rechte vorbehalten
www.herder.de

Umschlaggestaltung: Christian Langohr, Freiburg
Umschlagmotiv: Pater Titus, 1927; Brief aus der Haft, 1935
Alle Abbildungen: © Archiv des Dominikanerkonventes
Vechta; außer S. 42: Hans Gräf, Vechta; Abb. S. 172: Matthias
Niehues, Vechta

Satz: post scriptum, Emmendingen / Hinterzarten
Herstellung: CPI books GmbH, Leck

Printed in Germany

ISBN 978-3-451-33749-9

Inhalt

Einführung	7
Kindheit, Jugend und Studienjahre	11
Eintritt in den Dominikanerorden	21
Die Ordensniederlassung in Vechta – Verantwortung als Prokurator und Verlagsleiter	35
Lehrer und Erzieher am St. Joseph-Konvikt	47
Momente der Krise und des Leidens	55
Pater Titus als Prior	67
Streben nach Heiligkeit	81
Wirken zum Heil der anderen – Missionsprokurator	87
Pater Titus als ein Mann des Gebetes	95
Devisenprozesse	101
Verhaftung und Anklage	113
Der Prozess	119
Die Haft als eine Zeit der Gnade Gottes	127
Tod und Beisetzung	141
Reaktionen und weitere Entwicklung	149
Nachwort Pater Titus und wir	157
Biographische Daten	169
Anmerkungen	173

Einführung

»Als der gute Pater Titus am letzten Sonnabend gestorben war, ging die Nachricht von seinem Tode wie ein Lauffeuer durch unsere Stadt und durch alle umliegenden Ortschaften und Dörfer. Die meisten Bauern aus den umliegenden Dörfern kannten ihn nur zu gut als ihren Beichtvater, und auch in Vechta war er ja so bekannt und beliebt.«[1] So schrieb am 30. Januar 1936 Elisabeth Frundt tief bewegt an ihre Schwester Fabiola. Und weiter: »An den letzten beiden Tagen hatte man ihn in die Kapelle gebracht, damit mehr Raum blieb für alle die, die ihn noch einmal sehen wollten. Du glaubst nicht, wie viele Menschen jeden Tag zu seiner Bahre gingen und beteten. Oft, wenn ich einmal aus der Tür guckte, standen die Leute bis vor die Haustür vom Konvikt. Bis zum späten Abend dauerte es, immer noch kamen neue Beter und Verehrer von Pater Titus. Nicht allein aus Vechta, auch von Langförden, Bakum und Schwichteler kamen die Leute mit ihren Rädern und wollten den verstorbenen Pater sehen«.

Wer war dieser Mann, wer war Pater Titus Horten aus dem Dominikanerorden, dessen Sterben solch bewegende Reaktionen hervorrief? Bei seinem Tod am 25. Januar 1936 im Oldenburger Gefängnishospital, der Beisetzung auf dem Vechtaer Friedhof und seiner späteren Überführung in die Dominikanerkirche am 2. Mai 1954 war es offenkundig, dass er die Herzen der Menschen berührt hatte und dass sie ihm vertrauten, ihn schätzten und verehrten. Auch heute kommen immer wieder Beterinnen und Beter – allein oder in

Gruppen – an sein Grab, um Pater Titus in den Nöten und Beschwernissen ihres Lebens um Beistand zu bitten.

Dabei war Pater Titus kein großer Prediger in der Volksmission, er hat keine umfassenden theologischen Werke verfasst und in der Zeit des Nationalsozialismus, die ihm selber die Verfolgung und Inhaftierung bringen sollte, findet man in ihm nicht den mutigen Widerstandskämpfer oder lauten Kritiker des Regimes. Vielmehr war er ein stiller und treuer Ordenspriester, verantwortlich für wichtige Aufgaben seiner Gemeinschaft, in der Seelsorge ein geschätzter Beichtvater und geistlicher Ratgeber. Seine Persönlichkeit hat die Menschen beeindruckt, so sehr, dass sie ihn schon zu seinen Lebzeiten einen Heiligen nannten.

»Einen Heiligen« – das ist ein großes und sehr anspruchsvolles Wort, aber letztlich doch das, was allen Menschen von Gott her zugedacht ist. Christen sind mit der Taufe zur Heiligkeit gerufen. Sie sollen mit ihrem Leben immer mehr auf den einen Heiligen, auf Gott, zugehen und von ihm her ihrer Existenz Gestalt geben. Sie sollen tiefer in die Gemeinschaft mit Gott hineinfinden und so etwas von der Hinwendung Gottes zu den Menschen und zur Schöpfung sichtbar werden lassen. Sie sollen zeigen, wer Gott ist, sodass der Mensch eine Ahnung bekommt von seiner Größe und Menschenfreundlichkeit.

Papst Benedikt XVI. hat in seiner ersten Enzyklika in Erinnerung gerufen: »Deus caritas est – Gott ist die Liebe«. Dieses Bekenntnis sagt dem Menschen, dass Gott auf sie zugeht, ihnen begegnen möchte im Alltag ihres Lebens und seinerseits um eine vertrauende Antwort wirbt. Ihn, der die Liebe ist, findet der Mensch überall dort, wo er sie als Geschenk empfängt und wo er anderen liebend begegnet. So ist das die erste Berufung der Getauften: liebende Menschen zu sein und dadurch Gott in lebendiger Erinnerung zu halten.

In besonderer, beispielhafter Weise haben das die Frauen und Männer getan, die die Kirche ausdrücklich Selige und Heilige nennt. In der Begegnung mit ihnen haben die Menschen gespürt: Hier lebt jemand nicht in sich verschlossen, mit sich allein zufrieden, sondern hier weist jemand über sich selbst hinaus. Hier lebt jemand aus der Zuwendung Gottes, die zu entdecken sich lohnt. Hier lebt jemand auch für die anderen. Er lebt das, was wir Liebe nennen: Nicht ich zuerst, sondern Du, immer mehr, immer stärker Du.

Solch ein Mensch war Pater Titus. Er hat die Liebe, die auf Gott verweist, aus tiefem Glauben heraus gelebt. In der Begegnung mit ihm spürten die Menschen, dass sich ihnen hier jemand ganz öffnet, dass er bei ihnen und ihrer je eigenen Lebenssituation ist. Er ließ sie erfahren: Du und dein Heil sind mir ein Anliegen, wirklich eine Herzenssache – und ich möchte mithelfen, dass Du zum Heil an Seele und Leib findest.

Das Lebensbild, das Sie hier in Händen halten, möchte die Persönlichkeit von Pater Titus Horten vorstellen und gleichzeitig an den verschiedenen Lebensstationen dieses stillen Ordensmannes zeigen, wie er zu seiner Zeit die Berufung der Getauften auf seine Weise gelebt und gestaltet hat. So wird sein Leben zur Einladung, einen glaubwürdigen Zeugen der göttlichen Liebe näher kennen zu lernen und selbst tiefer in die Bewegung des Glaubens hineinzufinden.

Kindheit, Jugend und Studienjahre

Geboren wurde Pater Titus am 9. August 1882 im bergischen Elberfeld.[2] Sein Vater, der Jurist Anton Humbert Horten, übte dort das Richteramt aus, seine Mutter, Sidonie Horten, kam aus einer wohlhabenden Familie von Kaufleuten in der Eifel.[3] Der Ehe entstammten insgesamt sechs Söhne und zwei Töchter, von denen fünf einen geistlichen Lebensweg wählen sollten.[4] Der jüngste Sohn – im Orden hieß er später Pater Titus – wurde am 15. August 1882 auf den Namen Franz Ludwig Alois Lorenz Friedrich getauft.

Die Familie, finanziell gut gestellt und gesellschaftlich anerkannt, zeigt uns in ihrer Lebensweise und Wertvorstellungen die großbürgerliche Welt ihrer Zeit. In den Erinnerungen der Geschwister ist von Hausangestellten die Rede, von musischer Bildung an der Geige und dem Klavier, von einer Rad-Rennbahn im Garten, vom Tennisspiel als Ausgleichssport und von Reisen, die die Familie in die verschiedenen Länder Europas unternahm.[5] Der Vater war beruflich geachtet und wurde in späteren Jahren als Reichsgerichtsrat nach Leipzig berufen. Äußerst gewissenhaft und ordentlich in der Arbeit, zuverlässig und gerecht – dies sind Merkmale, die Anton Horten in der Erinnerung seiner Tochter Johanna beschreiben.[6] Über ihre Mutter hält Johanna fest: »Mit gleicher Treue oblag unsere Mutter all ihren häuslichen Pflichten. Sie ordnete selbst alles im Haushalt an, überwachte genau die Arbeit der Angestellten und legte zuweilen auch selbst Hand ans Werk«.[7] Von ihrer Herkunft hatte Sidonie Horten wohl ein Gespür für wirtschaftliches Denken, das sie ihren Kindern mitgeben konnte und das sich später auch bei ihrem jüngsten Sohn, Pater Titus, wiederfinden sollte. Es handelte sich zweifellos um eine Familie, die nicht so war wie viele andere ihrer Zeit: Es drückte keine wirtschaftliche Not, eine gute Schulbildung war möglich und auch ein Studium wurde von mehreren der Kinder angestrebt und von den Eltern gefördert.

Doch nicht nur die eigenen Angelegenheiten waren wichtig. Vielmehr engagierten sich Anton und Sidonie Horten in der Vinzenz-Konferenz[8], zumal Sidonie auch Franziskaner-Terziarin[9] war und damit Mitglied jener Ordensfamilie, die sich in besonderer Weise dem Wohl der Benachteiligten und Schwachen widmete. »Die Sorge für die Armen lag ihnen am Herzen und erschien ihnen als heilige Pflicht«[10], schrieb Johanna Horten. Diesen Blick für die anderen, diese Weite des Herzens, haben die Eltern ihren Kindern mitgeben können.

Die sozial-caritative Haltung der Familie wurzelte in ihrer tiefen christlichen Gesinnung. Vom Vater erzählt die jüngste Tochter: »Unser Vater wohnte täglich der heiligen Messe bei und empfing wöchentlich die hl. Sakramente. Dies war vor 50 Jahren für einen Herrn etwas Außergewöhnliches.«[11] Von der Mutter schreibt sie: »Auch bei ihr begleitet Gebet die Arbeit. Außer der täglichen heiligen Messe und heiligen Kommunion, die damals eine große Seltenheit war, besonders in der Diaspora, waren Rosenkranz und Marianum ihr lieb und teuer.«[12] Auf dem Weg zum Dienst kehrte Anton Horten regelmäßig in eine auf dem Weg liegende Kirche ein, um eine kurze Anbetung zu halten, ebenso hielt es seine Frau, wenn sie in der Stadt unterwegs war. Der öffentlich bekundete Glaube bei der Fronleichnamsprozession, die wöchent-

Familie Horten 1887, ganz links sitzt Franz, der spätere P. Titus

liche Beichte, das Leben der Mutter als Franziskaner-Terziarin – all das kennzeichnete das katholische Selbstverständnis und Glaubensleben der Eltern.[13]

Dass dies damals nicht so einfach war, macht ein Blick auf die geistige Großwetterlage deutlich: Die Wirren des Kulturkampfes hatten das Selbstbewusstsein und das Wir-Gefühl der Katholiken sicherlich gestärkt, machten aber zugleich auch die Abhängigkeit von staatlichem Wohlwollen spürbar; die Katholiken wurden noch immer verdächtigt, sich am päpstlichen Rom zu orientieren und somit letztlich nicht treu auf Seiten der neu erworbenen Reichseinheit unter dem (protestantischen) Kaiser zu stehen.

Großbürgerliche Familien in Elberfeld und später in Leipzig waren meist liberal eingestellt, was dem neuen nationalen Bewusstsein eher entsprach. Deshalb war die Schulwahl des

Juristen Horten etwa für seinen Sohn Franz ungewöhnlich. Dieser wurde nämlich nach dem Besuch der Volksschule in Frankfurt am Main und in Leipzig, wohin die Familie durch die berufliche Beförderung des Vaters übergesiedelt war, Ostern 1893 nach Venlo an das Collegium Albertinum geschickt, das die deutschen Dominikaner leiteten. Ein späterer Mitnovize bemerkte dazu: »Mir war damals[14] unverständlich, dass ein Reichsgerichtsrat seinen Sohn in eine derartige Anstalt zur Erziehung gegeben hatte, denn das entsprach in keiner Weise den Gepflogenheiten, die damals in derartigen (!) Gesellschaftskreisen maßgebend waren; es mussten schon sehr gute und verantwortungsbewusste Katholiken sein, die sich zu einer solchen Erziehung entschlossen, die in ihrem Gesellschaftskreise als rückständig galt.«[15] Für Franz selber war es der erste Kontakt mit den Dominikanern, doch gibt es keine Hinweise darauf, dass damals bereits in ihm der Gedanke an ein Leben als Ordenspriester geweckt worden war.

Lange sollte der Verbleib in Venlo nicht dauern: Eine schwere Knochenhautentzündung brachte den inzwischen zwölfjährigen Franz schon 1896 in sein Elternhaus nach Leipzig zurück. Es war die erste schwere Erkrankung, unter der er zu leiden hatte und in der sich schon in jungen Jahren eine Dimension im Leben von Pater Titus zeigte, die es wie ein roter Faden durchziehen sollte: das Leiden. Lebensbedrohliche Krankheiten, Verlust von ihm lieben Menschen, schließlich Haft und Gefängnis – all das beschwerte das Leben von Pater Titus immer wieder und formte zugleich sein geistliches Profil.

Von 1896 an besuchte Franz Horten das sehr renommierte humanistische Thomas-Gymnasium in Leipzig, wo er am 7. März 1902 die Abiturprüfung ablegte.[16] Diese Jahre »waren schwierig und mühsam für Franz. Das Studium machte

ihm damals nicht viel Freude, er musste sich rechte Mühe geben, um den Anforderungen zu entsprechen. Auch sein melancholisches Temperament bereitete ihm Schwierigkeiten. Sein Glaube war noch nicht stark genug, um ihm darüber hinwegzuhelfen. Sein religiöses Empfinden litt an der protestantischen Schule, und der katholische Religionsunterricht, den er erhielt, war kaum ausreichend.«[17]
Franz war kein Überflieger in der Schule, kein spekulativer Geist, keiner, dem das Lernen leicht fiel. Er zeichnete sich eher durch Genauigkeit aus als durch Wagemut, was sich auch in seinem Studium zeigen sollte, für das er sich nach dem Abitur entschied. Zunächst wandte er sich zwar der Rechtswissenschaft zu, dann aber der Geschichte des Altertums und der Neuzeit, vor allem jedoch den neuzeitlichen Sprachen Französisch und Englisch.[18] Dabei besuchte er verschiedene Universitäten im In- und Ausland: Grenoble (1902), Leipzig (1902/1903), Münster (1903), London (1903/1904) und schließlich Bonn (1904–1909), wo er nach dem Tod seines Vaters im Jahre 1903 mit seiner Mutter und seiner Schwester Johanna lebte.[19] Mit Eifer vertiefte er sich in die Eigenarten und Feinheiten der modernen Sprachen und wählte als Thema seiner Doktorarbeit: »Studien über die moderne Sprache Defoe's«. Diese Dissertation, mit der er im Sommer 1909 an der philosophischen Fakultät der Universität Bonn promoviert wurde, hat große Beachtung gefunden und war für lange Zeit das maßgebende Werk über den Sprachschatz des Robinson-Crusoe-Verfassers.

Neben dem Studium sah sich Franz auch weiter dem sozialen Engagement verpflichtet. Schon in London hatte er sich dem Vinzenz-Verein angeschlossen, der ihm ja von den Eltern her vertraut war und den er nun auch in Bonn gründen wollte.[20]

Galt er sonst vielfach als wenig gewandt, als introvertiert, etwas steif und unbeholfen, so entwickelte er auf caritativem Gebiet eine Aktivität, die auch andere begeisterte.

Dabei ging es Franz Horten um mehr als um ein Almosen-Verteilen. Es ging ihm um Unterstützung, die den anderen respektiert, ihm in seinem Können, in seinem Beruf und damit in seiner Persönlichkeit Wertschätzung vermittelt und nachhaltig Hilfe zukommen lässt. Franz Horten dachte vom anderen her, aus der Perspektive des Bedürftigen, dessen konkrete Situation er verstand und für den er sehr individuell Hilfsmöglichkeiten suchte.

Weiterhin nahm seine Familie einen wichtigen Platz in seinem Leben ein, seinen Eltern und Geschwistern begegnete er mit besonderer Aufmerksamkeit. So begleitete er seine Schwester nach England, um ihr sprachlich behilflich zu sein und ihr zugleich möglichst viel Interessantes und Sehenswertes zu zeigen. »Doppelt schön waren die Ferien-

Franz Horten als Student 1907 mit seiner Schwester Johanna und seiner Mutter

reisen«, erzählt sie,»die ich mit meiner Mutter machte, wenn Franz uns begleitete. Dann war er der Reisemarschall, der für alles sorgte und alle Mühen und Unannehmlichkeiten der Reise von uns fernhielt.«[21] Das war für ihn offenbar weniger Arbeit als Erfüllung, denn es machte ihm selber Freude, anderen zu etwas Schönem zu verhelfen.

Diese Haltung wuchs bei Franz Horten aus dem Glauben, den er auch während seiner Studienjahre intensiv praktizierte, was offenbar auch damals nicht selbstverständlich für junge Studenten war.»In der damaligen Zeit herrschte ja unter den Bonner Studenten eine sehr ausgelassene Lebensführung. Herr Horten war das Gegenteil. Ich hatte immer den Eindruck, dass er eine religiös und moralisch hoch stehende Persönlichkeit schon damals war.«[22] Sein Lebensstil war bescheiden: eine sehr einfache Zimmereinrichtung, die »mehr einer Klosterzelle als einem Herren-Schlafzimmer glich«[23]; Genussmittel mied er fast gänzlich und auch bei den Mahlzeiten hielt er sich zurück.[24] Der tieffromme junge Mann besuchte jeden Tag die hl. Messe und pflegte das Rosenkranz-Gebet.

Offenbar vollzog sich bei Franz Horten im Laufe der Studienjahre eine Klärung seiner zukünftigen Lebensgestaltung, die sicher auch durch die Entscheidung seines Bruders beeinflusst wurde. Der sieben Jahre ältere Paul Horten war Doktor der Rechtswissenschaft und Gerichtsassessor, fand 1903 während einer Romreise seine Berufung zum Ordens- und Priesterberuf und entschied sich 1904 zum Eintritt in den Dominikanerorden.[25] Paul, der im Orden den Namen ›Pater Timotheus‹ erhielt, war für Franz schon immer ein Vorbild gewesen und sollte dies auch zeitlebens bleiben. Er wird bei ihm selber durch seinen Entschluss die Frage nach einem Leben im Orden wachgerufen, zumindest aber gestärkt haben, so dass auch Franz Horten seinen geistlichen Weg bei den Dominikanern fand.

Am Ende seiner studentischen Zeit – im Jahr 1909 – sehen wir in Franz Horten einen ernsthaften, pflichtbewussten jungen Mann. Einige Konstanten seines Lebens lassen sich erkennen: eine natürliche und treu gepflegte Frömmigkeit; Sensibilität für die angemessene Unterstützung anderer; sein Sinn für genaues Arbeiten, worin sich Ausdauer und Treue zeigen. Es zeichnet sich eine labile Gesundheit ab, die ihm später sehr zu schaffen machen wird. Und schließlich ist

Familie Horten 1903 in Leipzig
Sitzend: Vater Anton Horten (1838–1903), Leo Horten (1878–1936), Mutter Sidonie Horten (1849–1923)
Stehend: Paul (P. Timotheus, 1875–1925), Johanna (1889–1969), Alfons (1876–1947), Franz (P. Titus, 1882–1936), Max (1874–1945), Josef (1880–1957)
Die älteste Tochter, Helene (geb. 1873), starb bereits im Dezember 1896.

für ihn die Zurückgezogenheit kennzeichnend, das Leise und Unauffällige. Von einem Freundeskreis erzählen die Verwandten nichts. Er war ein stiller Typ, der aber doch Anteil nahm: Wenn er spürte, dass er den anderen eine Gefälligkeit erweisen oder eine Freude machen konnte, tat er es, aber diskret und selbstverständlich. Diese ruhige Art, mit der er seine Aufmerksamkeit ausdrückte, hat man immer wieder bei ihm erleben können.

Wer sich heute der Persönlichkeit von Pater Titus nähert, der entdeckt einen zurückhaltenden Menschen, den man erst näher kennenlernen und verstehen muss, um das Anrührende und Beeindruckende zu sehen. Aber gerade darin ist er vielen nah und sympathisch. Die leisen und stillen, aber gerade darin treuen Menschen an der Seite der ihnen Anvertrauten finden in Pater Titus einen wohlwollenden und überzeugenden Gefährten, der sich ihnen ermutigend an die Seite stellt. Er zeigt einen ruhigen, einfachen Weg geistlichen Lebens, der Gott in den Blick nimmt und sich an ihm ausrichtet – im Guten wie im Schweren, in der Einsamkeit genauso wie im Vielerlei alltäglicher Geschäftigkeit.

Eintritt in den Dominikanerorden

Jeder Ruf in die Nachfolge Christi beginnt bei Gott. Er ist es, der beruft, der Mensch ist es, der auf diesen Ruf Antwort gibt. Wie jeder andere, so entwickelte auch Pater Titus seine Lebensantwort in einem langen Prozess des Suchens, des Hinhörens und Fragens, der Veränderungen, des Scheiterns und des Gelingens. Er musste an sich arbeiten, musste die Antwort auf den Ruf Christi in der konkreten Gestalt des Ordenspriesters einüben, wobei ihm seine stille, in sich gekehrte Art sicher eine Hilfe war. Menschen, denen Pater Titus im Laufe seines Lebens begegnete, bezeugen seine innere Sammlung und Konzentration, die nicht künstlich und angestrengt schien, sondern seinem Wesen entsprach.[26] Er nutzte die sich bietenden Gelegenheiten zu einem inneren Dialog mit Gott, was von anderen bemerkt wurde: »Pater Titus betete gern. Er begegnete mir regelmäßig auf dem stillen, schmalen Feldweg, der von der Stadt Vechta zum Kolleg führte und den er der bequemeren und sonst bevorzugten Füchteler Straße vorzog. Dabei war schon von Weitem an seiner Haltung deutlich, dass er im Gebet innerlich verweilte und nur zum Gruß bei der Begegnung für einen Augenblick seine Betrachtung verließ.«[27] Und eine andere Erinnerung: »Oft hatte ich den sicheren Eindruck, wenn ich ihn ansprach, dass er sich kurze Zeit zuerst wie von einer anderen, inneren, höheren Welt gleichsam losreißen musste, ehe er auf meine Frage oder Mitteilung eingehen konnte.«[28]

Um sein Noviziat zu beginnen, ging Franz Horten am 10. August 1909 in den Konvent ›Trans Cedron‹ nach Venlo, wurde am 22. August vom Prior des Klosters, Pater Reginald Weingärtner[29], eingekleidet und erhielt, wohl mit Rücksicht auf seinen Bruder Paul, der im Orden Timotheus hieß, den Ordensnamen ›Frater Titus‹. Damit begann das offizielle Probejahr unter dem Novizenmeister Pater Mannes Rings, der die Novizen in die Geschichte, Verfassung und Spiritualität des Ordens einführte.

Warum entschied sich Franz Horten dafür, Dominikaner zu werden? Warum entschied er sich, seiner Antwort auf den Ruf Gottes diese konkrete Gestalt zu geben? Von seinen Überlegungen diesbezüglich gibt es von ihm keine schriftlichen Aufzeichnungen. Auch findet sich bei ihm kein besonderes Ereignis, das uns diese Entscheidung erschließen würde. Im Gegenteil: Seinem Charakter gemäß sprach er nicht über das, was in seinem Innersten vorging. Aber in seinem Leben kann man Anhaltspunkte entdecken, die diesen Entschluss nachvollziehbar werden lassen.

Für jede Lebensentscheidung gilt, dass sie auf dem aufbaut, was vorher grundgelegt wurde. Bei Pater Titus war dies sicher der tiefe Glaube, den ihm seine Eltern vorgelebt hatten und den er selber pflegte.

Nicht ohne Einfluss war sein Bruder Paul, der für ihn das Vorbild eines guten Ordenspriesters darstellte. Die beiden Brüder waren einander tief verbunden, so dass Pater Titus die spätere gemeinsame Zeit im Vechtaer Konvent als ein großes Geschenk empfand, für das er dankbar war.

Der Ordenseintritt seines Bruders öffnete auch für Franz Horten einen Weg, den zu gehen er immer mehr entschlossen war und den er mit seinem bescheidenen, ja asketischen Lebensstil eigentlich schon während seiner Studienzeit in

Bonn seit 1906 vorbereitet hatte.[30] Auch er wollte Ordenspriester werden. Seinem früheren Internatsleiter, Pater Pius Keller, mit dem er auch nach seiner Schulzeit in Venlo in brieflichem Kontakt stand, vertraute er seine Absicht an, doch Pater Pius empfahl ihm, zuerst seine philologischen Studien zu beenden[31], da ihm dies für seine Arbeit im Orden von Nutzen sein könnte. Franz Horten befolgte diesen Rat und beendete zunächst seine Promotion.

Ausgerechnet in den Orden der Predigerbrüder wollte Franz Horten eintreten – ausgerechnet er, dieser von Natur aus etwas verschlossene, in sich gekehrte Typ. Man könnte meinen, dass für ihn ein kontemplativer, monastischer Orden der angemessenere Ort gewesen wäre, ein Orden also, der vom zurückgezogenen Leben, von Gebet und Stille geprägt ist. Pater Titus selber sagte später einmal seiner Schwester Johanna: »Am liebsten würde ich Trappist werden. Bei all der Arbeit, die ich tun muss, kann ich meinem Streben nach Gott nicht nachgehen.«[32] Warum also Dominikaner? Nun, der Orden widersprach dem ruhigen Naturell von Franz Horten ja nicht, im Gegenteil: Der Predigerorden pflegt von seinen Anfängen an eine stark kontemplative Tradition im gemeinsamen Chorgebet, in der Tradition der Mystiker, im fortwährenden Studium und im Meditieren der Heiligen Schrift. All das ist ein beschauliches Nachdenken über Gott und sein Wort, ist beständiges Gebet in klösterlicher Gemeinschaft, das der inneren Haltung von Franz Horten entsprach, so dass er sich zeit seines Lebens dieser Seite des dominikanischen Lebens mit großer Hingabe widmen sollte.

Vielleicht gibt es noch einen anderen Grund für seine Entscheidung, einen Grund, der sich in der Anfangsidee des Ordens findet. Der heilige Dominikus sah zu Beginn des 13. Jahrhunderts seine Herausforderung in der Begegnung mit den Katharern in Südfrankreich, einer Bewegung, die sich von der Kirche losgesagt hatte und vor allem wegen ihrer in den Augen der Menschen glaubwürdigen, weil konsequent armen Lebensweise viele Anhänger gewinnen konnte. Von Dominikus wird nun ein Zweifaches berichtet: Zum einen empfand er Mitleid mit diesen häretischen Frauen und Männern, die nach damaliger Überzeugung ihr Seelenheil verloren, wenn sie diesen Weg weitergingen. Dies bedrängte ihn so sehr, dass er um die Menschen weinte und klagte und darin eine Motivation fand, seine Ordensidee, die Predigt zur Bekehrung der Häretiker, voranzutreiben. Es ging ihm dabei nicht um Macht oder Ansehen, sondern um das Heil der Menschen. Hier liegt der Impuls für seine Ordensgründung und es ist der Grundauftrag der Dominikaner bis heute, wie es ihre Verfassung ausdrückt: »Der Predigerorden des hl. Dominikus ist bekanntlich von Anfang an vor allem für die Predigt und das Heil der Menschen gegründet worden.«[33]

Ein Zweites sehen wir bei Dominikus: Er begegnete den Katharern nicht ›vom hohen Ross herab‹, sondern auf Augenhöhe. Er wollte die Anliegen der anderen hören und verstehen, ihre Argumente begreifen, denn er verstand, dass auch sie, die Ketzer, von einer religiösen Sehnsucht getrieben wurden, dass sie manch Richtiges forderten und in ihrer glaubwürdigen Lebensweise die mächtige Kirche tief beschämten. Dominikus hörte die anderen – wohlwollend, interessiert, fragend.

Zwei Momente, die in die Anfänge des Ordens führen und die uns wieder die Grundbewegung des christlichen Glaubens spüren lassen: vom Ich zum Du, von mir zu dir. Es ist die Haltung der Liebe, die uns hier erneut, wenn auch auf andere Weise, begegnet.

Warum ist Franz Horten Dominikaner geworden? Wohl auch deshalb, weil der Orden diese Grundbewegung zu seinem Programm machte. Es spiegelt sich in dem von Pater Titus später immer wieder genannten Anliegen, dass die anderen doch heilig werden mögen, also ihr Heil bei Gott finden können. Und in seinem Nachlass findet sich ein Text, den er fast stammelnd in der Gefängniszelle niederschrieb und in dem er sich selbst das Verstehen-Wollen, die echte Begegnung mit anderen einschärft: »Nicht immer seine Ansicht für richtig halten. Will man anderen helfen, dann sich in sie hineindenken, hineinversetzen. Vom Standpunkt des anderen ihn und sein Verhalten betrachten.«[34]

Im August 1909 begann Pater Titus also sein Noviziat im Dominikanerorden. Das Jahr dient auch heute dem Kandidaten dazu, den Orden kennenzulernen und seinen Weg in den Orden gründlich zu prüfen. Zur damaligen Zeit galt ein

Die Dominikanernovizen 1910 im Venloer Konvent ›Trans Cedron‹. Pater Titus steht in der Mitte der oberen Reihe.

Ordenseintritt mit erst 28 Jahren als eher ungewöhnlich, und so war Pater Titus auch der Älteste in seinem Noviziatskurs. Zudem kam er, der weit gereiste Sohn aus gutbürgerlichem Hause, als promovierter Philologe zu den Dominikanern.[35] Dass Pater Titus sich trotzdem in den Noviziatsalltag einfand, dass er mit den anderen zu lernen begann und dabei keinerlei Überheblichkeit an den Tag legte[36], dass er neben dem gewöhnlichen Arbeitspensum noch zusätzliche Arbeiten für den Novizenmeister erledigte[37], ohne dieses besonders hervorzuheben, ohne zu klagen oder auch nur darüber zu sprechen – all das zeugt von einer Haltung der Bescheidenheit und Demut, die deutlich macht: Ich trete in diese Gemeinschaft ein! Ich komme dazu und ordne mich dem Vorgegebenen unter. Nicht ich gebe den Ton an, nicht ich gestalte, sondern ich lasse geschehen.

Den Mitbrüdern fiel Frater Titus dabei durch seine aufmerksame Hilfsbereitschaft und innere Sammlung auf. Er war vorbildlich »nicht etwa dadurch, dass er alle Vorschriften des Noviziates und der Konstitutionen gewissenhaft beobachtete – das hätte auch Dressur sein können – sondern weil er, wie bei ihm ganz deutlich zu spüren war, all diese Vorschriften innerlich bejahte und geradezu vergeistigte, sie also aus innerer Überzeugung erfüllte.«[38] Man bemerkte die Ausdauer und Stetigkeit, mit der er treu und zuverlässig den religiösen Übungen gerecht zu werden versuchte.[39] Das alles hatte bei ihm nichts Gezwungenes, vielmehr kam das klösterliche Leben seiner aufmerksamen Art und Hilfsbereitschaft entgegen. Frater Titus sprang dort ein, wo man ihn brauchte; er packte zu, wann und wie es ihm notwendig schien.

Dabei war er sicher niemand, der alles konnte und dem die Herzen der anderen auf Anhieb zuflogen, vielmehr taten sich manche mit seiner stillen, bisweilen introvertierten Art schwer: »Wenn wir im Noviziat und im Studentat[40] den wöchentlichen Spaziergang machten, wollte kaum einer gerne mit Pater Titus zusammen gehen, weil er jedes unterhaltsame oder profane Gespräch ablehnte und stets nur über Fragen des Studiums sprechen wollte. Selbstverständlich sprach er auch nie über Mitbrüder oder Obere oder über rein persönliche Dinge und Fragen.«[41] Wie anstrengend diese Art für kaum zwanzigjährige Männer gewesen sein konnte, mag sich jeder vorstellen.

Eigene Grenzen anzunehmen und dabei eine Zufriedenheit zu bewahren, ist nicht leicht. So hatte Pater Titus keine gute Stimme. Pater Heinrich Christmann, damals zuständig für die Kantorenausbildung der Novizen, erinnert sich: »Aus der Noviziatszeit ist mir die dauernde Hingabe in Erinnerung, mit der Pater Titus sich von mir in die für ihn, der gar kein musikalisches Gehör hatte, so schwierigen Töne der Lektionen der Epistel, des Evangeliums, der Präfationen und des Paternosters einführen ließ. Wir haben dazu Wochen und Monate gebraucht. Ich habe in dieser Zeit nie ein Wort oder auch nur die leiseste Äußerung von Unzufriedenheit seinerseits erlebt.«[42]

Was die anderen aber für Frater Titus einnahm, das war sein Wesen, seine dem anderen spürbar zugewandte Haltung, von dem ein Mitnovize sagt: »Er strahlte einfach Liebe aus, was ich im Noviziat nur beim Novizenmeister festgestellt habe. Seine Bruderliebe äußerte sich weniger in Worten; man spürte einfach, dass Pater Titus einem wohl wollte!«[43] Das nun ist auch der Eindruck, der bei denen, die ihm im Laufe seines Lebens begegneten und darüber berichteten, in Erinnerung geblieben ist: Da ist jemand, der mir (dem anderen) Gutes will. Das ist einer, dem ich etwas bedeute und der möchte und sich darum bemüht, dass ich Gutes erfahre. Das ist jemand, dem mein Heil am Herzen liegt.

Am 28. August 1910 beendete Frater Titus sein Noviziat, indem er die ersten Gelübde ablegte und sich damit für zunächst drei Jahre an den Orden band. Er ging nun in den Konvent nach Düsseldorf, wo er die philosophischen und theologischen Studien begann.

Das Studium spielt im Dominikanerorden von Anfang an eine besondere Rolle. Dominikus wollte die Menschen in der Predigt lehren, sie in Glaubensfragen schulen, ihnen eine Antwort geben auf die ernsten Fragen, die sie bewegten und bedrängten. All das setzte seiner Überzeugung nach neben einem glaubwürdigen Lebensstil v. a. eine gründliche theologische Formung voraus, die auch mit dem Studienabschluss nicht beendet wird, sondern ein ganzes Leben lang fortgeführt werden soll. Der Dominikaner soll eine Haltung entwickeln, die ihn öffnet für immer neue Fragen und Erkenntnisse, die ihn sich der Welt in ihrer Vielfalt neugierig zuwenden lässt und dabei ein Wissen um die alles übersteigende Größe Gottes bewahrt.

Obwohl Pater Titus mit einer anerkannten Dissertation in den Orden kam, fiel ihm das theologische Studium nicht leicht. Er war kein Überflieger und keiner, dem ein besonders spekulativer Geist zu eigen war.[44] Wenn es jedoch um Literatur ging, um Sprachempfinden und Sensibilität in der Ausdrucksweise, zeigten sich sein Talent und sein Wissen, welches er vor dem Ordenseintritt erworben hatte.[45] Das Lernen der Philosophie und der Theologie indes war für ihn wohl zunächst eine weitere Etappe auf dem Weg zum Priestertum, die es eher zu bewältigen als zu genießen galt.

Aber gerade weil ihm das Studium manches abverlangte,

lernte er auch das Durchhalten, die Treue, die Selbstdisziplin, eine Haltung also, die Pater Titus künftig nutzte und anmahnte. So schreibt er später aus dem Gefängnis an die Schüler der Ordensschule in Vechta, die sich mit dem Gedanken trugen, einmal Dominikaner und Priester zu werden: »Gerade das Studium soll Euch erziehen, Euren Charakter festigen, Euren Willen stärken. Immer wieder über den Büchern sitzen, immer wieder Neues sich einprägen, Altes wiederholen und dabei manche Misserfolge – das ist eine tüchtige Buße und keine leichte Arbeit! Aber liebe Ordensschüler, das ist unbedingt notwendig, besonders in der Vorbereitung zum Eintritt in unseren hl. Orden. Der Dominikanerorden ist ein Orden, der das Studium pflegt, zu seiner Hauptaufgabe gemacht hat. Wer das Studium nicht liebt, dafür kein Interesse hat, ist kein richtiger Dominikaner. Hier könnt Ihr also Euren Beruf erkennen. Könnt ihn Euch erflehen durch Gebet und auch erwerben, eben durch treue Pflichterfüllung im Studium. Durch Fleiß und Ausdauer gewinnt man wirklich Interesse fürs Studium. Also nicht nachlassen, auch nicht, wenn Schwierigkeiten kommen! Ja, gerade dann aushalten, das stärkt den Willen. Wir sind so viel wert, als wir einen starken Willen haben, um überwinden zu können! Also seid treu, gleich im Anfang die ganze Kraft einsetzen! Erkennt den Wert des Studiums für Eure Erziehung. Besser ein mittelbegabter Schüler, der fleißig ist, als ein talentvoller Schüler, der nie gelernt hat, angestrengt zu arbeiten, Misserfolge zu überwinden. Zum Studium muss das Gebet kommen! Alle unsere Anstrengungen sind nutzlos, wenn der liebe Gott unser Bemühen nicht segnet.«[46]

Wie für Dominikus und viele andere Brüder und Schwestern des Ordens, so war auch für Pater Titus das Studium Mittel, um sich für die Predigt zu formen. Es gründet in der Betrachtung, ist gleichsam eine eigene Gebetsweise, um das Geheimnis Gottes tiefer zu verstehen, und verliert ohne diese Gottesverbindung seine Richtung und Tiefe. Die studierende Betrachtung, das Nachsinnen über Fragen der Theologie, über Ideen und Theorien – all das führt zu Gott und benötigt gleichzeitig dessen Segen und Gnade. Das Studium wird zur Glaubensschule: Der Studierende muss wissen, dass es letztlich Gott ist, der das Bemühen segnet und vollendet; dass trotz aller Antwortversuche der Mensch nicht Gott ›in den Griff‹ bekommen wird, sondern dieser der letztlich Unbegreifliche bleibt.

Ferner sei das Studium Erziehung zur Treue und zur Ausdauer. In dieser Aussage klingt sicher die Gefängnissituation an, in der Pater Titus den zitierten Brief an die Schüler schrieb und in der er sich selber immer wieder zur Treue, zum Durchhalten ermahnte. Aber man darf auch die Treue sehen, die sich im Leben von Pater Titus etwa in der großen Arbeitsbelastung, in seinem Missionsverständnis oder in seinen geistlichen Übungen zeigt. Sie war für ihn Kennzeichen christlicher Lebenspraxis, denn sie antwortet auf die zuverlässige Liebe, mit der Gott dem Menschen begegnet und die das Miteinander der Menschen tragen soll.

Der Platz, an dem man gebraucht wird, an den man gestellt wird durch die Notwendigkeiten des Ordens und der einem manchmal sehr widerstreben mag – dieses ist der von Gott bestimmte Ort, an dem es im Gehorsam die Verantwortung wahrzunehmen gilt. Das Studium führt in eine solche Haltung hinein, schult die Geduld und den Umgang mit Misserfolgen. Alles steht dabei unter dem Segen Gottes.

Diese Haltung hat Auswirkungen auf das Zusammensein mit anderen. Bei seinen Mitstudenten war Pater Titus geschätzt und wurde als ein Mensch wahrgenommen, der in einer ehrlichen und innigen Gottesbeziehung lebt, der auf gute Weise am anderen interessiert war und dem man deshalb auch etwas sehr Persönliches anvertrauen konnte. Es ging ihm nicht darum, Regeln zu lernen oder Pflichten abzuarbeiten, sondern darum, den Geist dieser Lebensweise zu erfassen und von innen her mit seinem Leben zu füllen. Am klösterlichen Stillschweigen, das ihm als ruhigem, zurückgezogenem Menschen sicherlich sehr lag, wird dies deutlich. Nur still zu sein macht ja keinen Ordensmann aus, und so war es für andere beeindruckend »wie Pater Titus den Geist des Silentiums erfasste und lebendig werden ließ: die innere Sammlung, für die das Silentium ja nur der äußere Ausdruck ist. (...) Silentium war ihm nicht Stillschweigen einfachhin, sondern Sammlung in Gott, im Gebet oder Betrachtung.«[47]

Während des in Venlo tagenden Generalkapitels des Ordens legte Frater Titus am 28. August 1913 in die Hände des Ordensmeisters Pater Hyacinthe-Marie Cormier[48] die Feierliche Profess ab, das Versprechen, mit dem er sich bis zum Tod an den Dominikanerorden band.[49] Dass Pater Cormier selbst die Ewigen Gelübde entgegennahm, war für Pater Titus eine besondere Freude, hatte er doch schon von diesem ausgezeichneten Seelenführer und asketischen Schriftsteller gehört. Ein Wort von ihm ist ihm bezeichnenderweise immer in Erinnerung geblieben: »Wird uns eine Bitte von Gott gewährt, einmal danken. Gewährt er unsere Bitte nicht, zweimal danken!«[50] Pater Titus schätzte Pater Hyazinth sehr und hat ihn sich offenbar zum Vorbild genommen, wenn er später aus dem Gefängnis über ihn schrieb: »Möge der liebe Gott uns doch eine Reihe solcher Mitbrüder schenken. Wie würden sie durch ihr Beispiel und ihre Gottinnigkeit der

Provinz nützen können. Cormier war ganz Gebet und Wandel vor Gott und doch – oder besser gerade deshalb – außerordentlich tätig. Was hat er allein für Werke geschrieben! Ich halte es für eine der größten Gnaden, die der liebe Gott mir geschenkt hat, dass ich mit ihm in Rom eineinhalb Jahre zusammenleben durfte.«[51]

Dorthin hatten die Ordensoberen Frater Titus im Herbst 1913 geschickt, um seine theologischen Studien am ›Angelicum‹, der päpstlichen Hochschule der Dominikaner, zu ergänzen. Ein Studium in der Ewigen Stadt war sicher ein Privileg, welches Pater Titus nicht aufgrund besonderer Begabung im Studium gewährt wurde, sondern weil ihn seine Haltung, seine Ernsthaftigkeit in der Beobachtung der Regel auszeichnete.[52] Nebenbei fand er auch noch Zeit, an seinen Forschungen über die Sprache Defoe's zu arbeiten. Das Thema interessierte ihn offenbar weiterhin, sodass er im Sommer 1914 nochmals nach England reiste, um an Ort und Stelle notwendige Literatur einzusehen. Nach seiner Rückkehr konnte er in Rom seine Studien vollenden, wo er auch am 1. November 1914 die Diakonenweihe und am 27. Februar 1915 die Priesterweihe empfing.[53]

Im Herbst kehrte Pater Titus nach Düsseldorf zurück – und traf dort auf ganz neue Gegebenheiten, mit denen er sich zurechtfinden musste: In den Wirren des Ersten Weltkrieges war das Dominikanerkloster als Lazarett für ungefähr 150 verwundete Soldaten zur Verfügung gestellt worden, sodass die Klostergemeinschaft nur einen kleinen Teil des Hauses bewohnen konnte. Wer von den Brüdern selber nicht zum Militärdienst eingezogen worden war, stand im Lazaretteinsatz, denn die Verwundeten mussten gepflegt und versorgt werden. Pater Titus machte sich bei allen Arbeiten

Nach dem Tod ihres Mannes trat Sidonie Horten 1911 in das Kloster der Redemptoristinnen in Moselweiß ein. Das Foto zeigt sie als Schwester Maria Antonia bei ihrer ersten Profess 1912 im Kreis einiger ihrer Kinder, Schwiegertöchter und Enkel.

nützlich – er war u. a. verantwortlich für die Reinigung der Toiletten und half bei der Austeilung des Essens[54] – und gönnte sich dabei kaum Ruhe. Seine ihm eigene Aufmerksamkeit für die anderen zeigte sich auch hier: Er sah, wo Not am Mann war, und war dann zur Stelle. Die Soldaten fassten Vertrauen zu ihm und so wirkte er hier auch als Seelsorger.

Dem promovierten Philologen mit dem feinen Sprachempfinden war die raue Soldatenwelt sicher sehr fremd. Der laute Betrieb des Lazaretts mit Konzerten und Aufführungen bis spät in die Nacht, der derbe Umgangston, die Anstrengungen der Arbeit und das erdrückende Leid der Verwundeten – all dies war ganz anders als das gewohnte klösterliche Gebetsleben, es war für Pater Titus eine wirkliche Herausforderung und Belastung. Aber er tat seine Pflicht, er war da, wo andere ihn brauchten, an dem Ort, an den Gott ihn gestellt hatte. Neben dem theologischen Wissen war das also auch eine Frucht des Studiums: die Treue, das Durchhalten, das Dabeibleiben.

Das gewohnte Leben der Ordensbrüder litt beträchtlich unter dem Lazarettbetrieb: Das Chorgebet wurde auf das Notwendigste eingeschränkt und die wenigen Studenten, die noch im Hause waren, konnten täglich nur zwei Vorlesungen hören, denn die Zeit für die Pflege der Verwundeten nahm viel Kraft und Zeit in Anspruch. Abends saß die Gemeinschaft dann oft zusammen, und im Kreis der Mitbrüder taute der sonst so stille und schweigsame Pater Titus tatsächlich auf: Er erzählte von Rom, gab Geschichten zum Besten und trug so dazu bei, dass die Brüder angesichts der körperlichen und seelischen Belastungen des Tages etwas Erholung fanden.[55]

Mit dem Ablegen des sogenannten Beichtexamens endete für Pater Titus im Herbst 1917 seine Ausbildung und er war nun bereit, andere Aufgaben zu übernehmen.

Die Ordensniederlassung in Vechta – Verantwortung als Prokurator und Verlagsleiter

Aufgrund seines Universitätsstudiums, der Promotion und der theologischen Ausbildung im Orden sahen die Oberen in Pater Titus eine ausgezeichnete Lehrkraft für das ordenseigene St. Joseph-Konvikt in Vechta, dem sowohl Pater Titus als auch dessen Bruder Timotheus schon lange verbunden waren.

Für den Wiederaufbau des Dominikanerordens in Deutschland nach der Säkularisation sollte sich eine eigene Schule als wahrer Segen erweisen. Die Dominikaner gründeten 1902 im oldenburgischen Vechta ein Ordenskonvikt, damit Schüler, die sich mit dem Gedanken trugen, Dominikaner werden zu wollen, am dortigen Gymnasium den entsprechenden Abschluss machen konnten und zugleich in einer klösterlichen Tagesstruktur lebten, die auf den Orden vorbereitete.

Als Gründer dieses Konviktes kann Pater Pius Keller gelten, den Pater Titus und Pater Timotheus schon als Schüler in Venlo kennengelernt hatten und der beiden bei der Entscheidung hinsichtlich ihres Ordenseintritts als geistlicher Begleiter behilflich war. Aus dieser Bekanntschaft rührt wohl auch die großzügige Unterstützung, mit der die beiden Brüder ab 1903 den Ausbau der Ordensniederlassung im südlichen Oldenburg ermöglichten. Mit dem väterlichen Erbe kaufte Franz Horten Grundstücke am Rande des Füchteler

Das Kloster der Dominikaner in Vechta-Füchtel 1912

Waldes[56], wo eine kleine Landwirtschaft und weitere Wohngelegenheiten für Schüler und Patres entstehen konnten. Sogar die Errichtung einer kleinen Badeanstalt brachte man mit dem Geld zustande[57] – die erste in der Kleinstadt und eine entsprechende Sensation für die Bevölkerung. Im Laufe der Jahre verlagerte sich der Schwerpunkt von der Innenstadt Vechtas, wo das Konvikt zunächst in einem ehemaligen Hotel Unterkunft gefunden hatte, hinüber zur Niederlassung im Stadtteil Füchtel. Hier entstanden in den nächsten Jahren weitere Gebäude, ein ordenseigenes Gymnasium wurde errichtet und auch alle Schüler konnten schließlich im Internat untergebracht werden.[58]

1917 also wurde Pater Titus in diese norddeutsche Niederlassung der Provinz Teutonia versetzt, die ihm bereits gut bekannt war, der er sich verbunden wusste und die der zentrale Ort seines gesamten dominikanischen Wirkens werden sollte. Die Brüder übertrugen ihm schon 1918 den Dienst des Prokurators und damit die Verantwortung für alle wirtschaftlichen Belange von Kloster und Konvikt[59], ein Amt, das er (mit einer kurzen Unterbrechung) bis 1927, also bis zu seiner Wahl zum Prior, innehaben sollte. Die neue Aufgabe lenkt den Blick auf einen ganz anderen Aspekt im Leben und im Charakter von Pater Titus: Wir sehen ihn nicht mehr nur als den stillen, betenden und studierenden Ordenspriester, sondern nun auch als den Geschäftsmann, den rechnenden und kalkulierenden Wirtschafter, der scheinbar gar nicht dem Bild des frommen, in sich gekehrten Einsiedlers entspricht.

Pater Titus übernahm die wirtschaftliche Verantwortung für das Kloster in schwierigen Zeiten: Der Erste Weltkrieg ging zu Ende, materielle Not und unruhige politische Verhältnisse machten eine sichere Planung fast unmöglich; die Niederlassung in Vechta befand sich noch im Aufbau (erst 1919 wurde das Haus offiziell als Konvent errichtet) und musste um die Anerkennung von Seiten des Ordens wie des Staates kämpfen; Pater Titus selber stand am Anfang seines Ordenslebens. Dennoch akzeptierte er diese neue Aufgabe ohne Vorbehalte. Er wurde gebraucht, also stellte er sich gehorsam der Herausforderung. Ausgerechnet er, der seinen Mitbrüdern in manchem ein wenig weltfremd vorkam, übernahm Aufgaben des Wirtschaftens und der Organisation. Keine spirituellen Höhenflüge oder geistige Versenkung waren dafür gefragt, sondern Realitätssinn und Durchsetzungskraft – so sollte man meinen.

Pater Titus zeigt in seiner Tätigkeit als Prokurator, dass dieser Gegensatz nicht bestehen bleiben muss. Er verband wirtschaftliches Denken, verantwortliche Sorge für die anderen und tieffrommes geistliches Leben wirksam und überzeugend – eine konsequente Fortsetzung seiner bisherigen Haltung und Lebensweise.

Als Prokurator war es ihm ein Anliegen, dass es den Mitbrüdern und Schülern nicht am Notwendigen fehlte, und er versuchte sogar, ihnen trotz Mangel und Not wenigstens hin und wieder eine kleine Freude zu bereiten. So schrieb Pater Joseph Keller an Pater Timotheus Horten sehr anerkennend: »Ihr lieber Pater Titus ist wirklich ein famoser Kerl. Ich habe in all den Jahren meines Ordenslebens nie einen Procurator gesehen, der so findig im Einnehmen und doch zugleich so gütig im Ausgeben war.«[60]

Er verstand sein Amt als Dienst für die anderen, wobei er darin keine falsche Demut zeigte, sondern energisch und klar in seinen Anforderungen und Entscheidungen handelte. Er hielt sich an die notwendige Ordnung und konnte recht ungeduldig werden, wenn er etwa in den Abrechnungen mit den Missionaren Unklarheiten fand: »Es hat ja alles keinen Zweck, das wir um den heißen Brei herumschwätzen. Von Ilanz höre ich und man schreibt mir, dass Sie Geld im Überfluss hätten. Wie steht es damit? Ich meine, man muss doch ehrlich und klar miteinander verhandeln. Denn wenn ich selbst nicht weiß, was los ist, wie soll es dann gehen, oder wenn der eine Prokurator so sagt und der andere Prokurator sagt so, das geht doch nicht.«[61] So entwickelte er sich zu einem kompetenten und geachteten Finanzverwalter – man hätte ihm sonst wohl kaum die Verantwortung für Konvent und Schule übertragen. Ihm kam dabei seine überaus sorgfältige Arbeitsweise zugute, so dass er den Mitbrüdern jederzeit Rechenschaft ablegen konnte, was er auch immer wieder tat. Er arbeitete eben nicht nur für sich, sondern wusste sich eingebunden in das Ganze, in die Ordensprovinz, letztlich in den Dienst für Gott. Nun war dies der ihm bestimmte Platz, hier hatte er sorgfältig den Dienst zu tun.

Durch gute Kontakte gelang es ihm, amerikanische Wohltäter zu finden, deren großzügige Spenden einen besseren Lebensunterhalt für die Schüler und Lehrer ermöglichten, denn die finanzielle Lage des Vechtaer Konventes war durchweg äußerst angespannt. Dennoch wurde der bereits 1911 begonnene Schulbau fertiggestellt: In den Jahren 1922 und 1923 entstand das schöne, dreigeteilte Internatsgebäude, das der Schule bis heute ihr charakteristisches Aussehen gibt. Wenn dabei Idee und Organisation auch nicht auf die Initiative von Pater Titus zurückgingen – hier brauchte es die visionäre und treibende Kraft von Pater Laurentius Siemer –, so war er doch bei der Ausführung des Werkes entscheidend beteiligt. Pater Laurentius bemerkt zu Recht: »Dass es gelang, den Bau des Kollegiums zu beenden, ohne dass Schulden gemacht wurden, ist in erster Linie dem Pater Titus

Das Schulgebäude des St. Joseph-Konviktes. 1922–23 wurde es fertiggestellt, woran Pater Titus als Prokurator des Konventes entscheidenden Anteil hatte. V. a. durch Spenden aus den USA wurde die Finanzierung ermöglicht.

Horten zu verdanken. Wenn er nicht gewesen wäre, wäre der Bau schwerlich durchzuführen gewesen. Pater Titus war unermüdlich im Erfinden immer neuer Methoden, um Geld für unseren Zweck aufzutreiben.«[62]
Und auch Pater Titus selber wusste offensichtlich um sein Können, wenn er selbstbewusst angesichts der Neuerrichtung des Studienhauses in Walberberg 1924 schrieb: »Man sucht noch einen guten Prokurator, da muss ich wohl hinkommen, denn die Finanzen sind schwierig. Ein ganz neues Haus, das sonst ja keine Einkünfte hat, weil alle dem Studium sich widmen.«[63]

Was kann dieser Aspekt des Lebens von Pater Titus dem heutigen Menschen für dessen geistliches Nachdenken mit auf den Weg geben? Ein frommer Mensch muss nicht weltfremd sein – das zeigt uns Pater Titus. Ein Ordensmann, der sich mit Finanzen auskennt, zeugt vielmehr davon, dass der Glaube das ganze menschliche Leben betrifft, denn unser Alltag ist nicht so einfach einzuteilen in die profanen und die heiligen Dinge. Im Gegenteil: Es zeichnet ja gerade die christliche Spiritualität aus, dass wir uns nicht in eine spirituelle Sonderwelt flüchten, in der wir von den Sorgen der anderen unberührt bleiben. Unser menschliches Leben ist in all seinen Bereichen mit dem Göttlichen aufs Engste verbunden, weil Gott selber Mensch wurde und unseren Alltag teilte. Unser Leben – und dazu gehören wirtschaftliche Verantwortlichkeiten, Entscheidungen und Sorgen – soll nicht getrennt, sondern durchdrungen sein von Gottes Liebe. Wir sollen in unserem alltäglichen Handeln – in der Familie, im Beruf, in der Schule, in den menschlichen Kontakten und eben auch in den wirtschaftlichen Belangen – deutlich machen, aus wessen Geist wir leben und handeln. Gerechtigkeit,

Nächstenliebe, Verantwortung – all das sind dabei Leitgedanken, die in das Konkrete umgesetzt werden wollen. Pater Titus kann dabei ermutigendes Vorbild sein, nicht obwohl er sich mit finanziellen Dingen beschäftigen musste, sondern gerade weil er dies tat: auf glaubwürdige Art und Weise, die das Evangelium in den Alltag hinein übersetzte und die Sorge für andere deutlich machte.

Weil Pater Titus offenbar wirtschaftliche Kompetenz und geistliches Leben zu verbinden wusste, übertrug man ihm 1925 eine Aufgabe, in der beides gut zusammenwirken konnte, nämlich die Verantwortung für den ordenseigenen Albertus-Magnus-Verlag. Pater Titus schien dafür geeignet: zum einen durch seine geschätzte Tätigkeit als Prokurator, zum anderen durch seinen in den Sprachstudien bewiesenen Sinn für Literatur.

Die Dominikaner hatten den Verlag gegründet, um als Predigerorden Zeitschriften und Bücher selber publizieren zu können. Das alte Haus in der Stadt bot sich für dieses Vorhaben an, war dort doch ausreichend Platz für die technische Ausstattung und eine kleine Kommunität von Dominikanerinnen aus Ilanz (Schweiz), die als ausgebildete Fachkräfte im Verlag mitarbeiteten. Die Finanzierung des Projekts übernahm die Ordensprovinz, die Leitung und Verwaltung jedoch sollte von einem Mitbruder in Vechta geleistet werden.

Pater Titus kümmerte sich um alles: Reparaturen im Haus, Erweiterungen im Betrieb, Anschaffung neuer und rentabler Maschinen. Er ließ sich dabei von Fachleuten beraten und musste lernen, den eigenen Verlag technisch und finanziell richtig zu führen. So schrieb er etwa an den Provinzial: »Wäre es nicht besser, wenn wir, der Albertus-Magnus-Verlag, (…) die Thomasstudien herausgeben ohne Einmischung des Akademischen Verbandes? Dann hätten wir auch die Abonnement-Einnahmen. (…) Warum sollen wir diesen Gewinn dem Akademiker-Verband geben, während wir doch die Arbeit haben? (…) Warum sind wir immer so ganz unpraktisch? Rev. P. Ignatius und Rev. P. Suitbert geben ja ein Buch beim Akademischen Verband heraus, die sicher beide große Abnahme finden werden und dabei haben wir eine eigene Druckerei und lassen uns vom Akademiker-Verband alles wegschnappen! Selbst von den eigenen Leuten!«[64]

Eine gute technische Ausstattung, ein gesunder Geschäftssinn und die Bereitschaft, von den Erfahrungen anderer zu lernen – damit entwickelte sich unter der Leitung von Pater Titus der Verlag so gut, dass mit der Zeit aus einem Zuschussbetrieb ein gewinnbringendes Unternehmen wurde.[65]

Noch wichtiger war aber für ihn die inhaltliche Arbeit. Eine solche Form der Verkündigung war damals für die Dominikaner neu, und so wurde weithin auf seine Initiative

Die Druckerei des Albertus-Magnus-Verlages, dessen Leiter Pater Titus war

mit der Gründung des Verlages ein eigenes Presseapostolat ins Leben gerufen, das dem besonderen Predigt-Charisma des Dominikanerordens entsprach. Man brachte religiöse Zeitschriften heraus, erstellte Informations- und Werbebroschüren für die Chinamission und ergänzte die Buchreihe ›Dominikanisches Geistesleben‹ um mehrere wertvolle Bände. Mit den ›Quellen und Forschungen zur Geschichte des Dominikanerordens in Deutschland‹ wurde eine wissenschaftliche Reihe publiziert, hinzu kamen alljährlich eine größere Anzahl an Büchern und Broschüren.[66]

Um das geistlich-theologische Format zu halten, achtete Pater Titus sorgfältig auf geeignete Manuskripte und wenn nötig auf angemessene Übersetzungen.

Ein letzter Aspekt seiner Tätigkeit im Verlag sei noch genannt: die gute Zusammenarbeit mit den Schwestern und anderen Angestellten, von der alle Erinnerungen erzählen. »Morgen für Morgen, Punkt 8 Uhr, war Pater Titus im Büro. Vor seinem Zimmer warteten stets mehrere, um ihn zu sprechen, ihn etwas zu fragen, Geschäftliches zu erledigen. Waren die dringlichen Arbeiten erledigt, so begann Pater Titus seinen Rundgang durch den Betrieb. Er sprach kurz im Verlagsbüro vor und ließ sich melden, ob alle da seien oder ob jemand krank war. Hierauf ging er in die Druckerei, besuchte jede dort arbeitende Schwester an den Schnellpressen, an der Falzmaschine, am Tiegel, erkundigte sich nach den Arbeiten, nach eventuellen Schwierigkeiten, fragte, ob er helfen könne, ob ein Wunsch vorliege und war für alles interessiert. An den laufenden Druckarbeiten freute er sich und munterte zu froher Weiterarbeit auf.«[67] Es war dieses ehrliche Interesse am anderen, die Freundlichkeit, die die Menschen im Umgang mit ihm spürten und die ihm hohe Achtung, ja Verehrung eintrug.

»Am liebsten würde ich Trappist werden« – so hatte Pater Titus einmal gesagt. Stattdessen musste er sich zwei Arbeitsbereichen stellen, die ihm von seinem Naturell und seinen Interessen her wenig lagen: Er wurde Prokurator des Vechtaer Konventes und verantwortlicher Leiter eines Wirtschaftsbetriebes, des Albertus-Magnus-Verlages, weil die Notwendigkeiten des Ordens seinen Einsatz forderten. Dabei war »Pater Titus keine Kämpfernatur, nicht der Wagemut, sondern mehr die Geduld entsprach seiner ganzen Haltung. (...) Diese Arbeiten entsprachen nicht den natürlichen Veranlagungen des Pater Titus. (...) Er füllte sie aber dennoch geduldig und im Gehorsam gegen die Wünsche seiner Oberen aus.«[68]

Die Aufgaben waren für ihn also nicht nur neu, sie schienen auch gar nicht zum stillen, kontemplativen Ordensmann zu passen. In die wirtschaftlichen Belange des Klosters hatte Pater Titus sich einarbeiten müssen[69] und er tat es bereitwillig und kompetent – so gut, dass man ihm noch andere Wirtschaftsaufgaben übertrug. Sr. Benvenuta bestätigt das: »Obschon seiner beschaulichen Veranlagung der Geschäftsbetrieb eines Verlages an sich nicht lag, unterzog er sich doch Tag für Tag mit immer gleicher Liebe, Geduld und Hingabe den vielseitigen Arbeiten.«[70]

Dass Pater Titus sich auf all das einließ, ist vielleicht nicht kämpferisch zu nennen, aber doch mutig. Es zeigen sich Offenheit und Demut: die Offenheit, sich von Erwartungen anderer und von den Notwendigkeiten des Ordens einbinden zu lassen, und die Demut, Fehler zu machen und Hilfe anzunehmen. Die Frage nach den eigenen Bedürfnissen und Interessen, nach Vorlieben oder gar Vorteilen stellte Pater Titus nicht, vielmehr übernahm er die Aufgaben, für die er weniger gefragt als bestimmt wurde, durchaus mit Zweifeln und Sorge.

Für ihn standen dabei sicher zwei Momente im Vordergrund, die ihn ›Ja‹ sagen ließen: zum einen das Vertrauen in die Autorität der Ordensoberen, die die Bedürfnisse des Ordens kennen und wohl richtig entscheiden würden. Zum anderen war es das ungebrochene Gottvertrauen, aus dem Pater Titus lebte. Gott wird es richtig machen und fügen – davon war er im tiefsten Herzen überzeugt.

Dem heutigen Menschen, dem die Freiheit ein so hohes Gut darstellt, widerstrebt es, zu Entscheidungen und Verantwortungen gezwungen zu werden, will er doch gerade im beruflichen Leben seinen Interessen und Neigungen nachgehen können. Doch er erlebt sich auch in Lebenssituationen hineingestellt, die er sich niemals ausgesucht oder zugetraut hätte: die Krankheit eines nahestehenden Menschen und die notwendige Pflege; die Geburt eines Kindes; berufliche Zwänge, um die Familie und sich ernähren zu können; Verantwortung in einer Gruppe, im Beruf oder in der Kirche. Die Frage, ob man das denn kann oder möchte – diese Frage wird vielen nicht gestellt, sondern ihnen werden Aufgaben auferlegt, die zunächst erdrückend scheinen, doch denen man kaum ausweichen kann.

Menschen, die aus Gott leben, werden nicht vor solchen Situationen bewahrt und sie meistern diese auch nicht unbedingt ohne innere Vorbehalte oder Fehler. Auch sie kennen Erschrecken und Angst vor den Zumutungen des Lebens. Aber sie haben ein hörendes Herz für Gottes Wort, das zum Vertrauen ermutigt. Und in der Tat: Wenn sich jemand darauf einlässt, dann sind Dinge möglich, die sonst von der Angst vor dem neuen Schritt erdrückt worden wären.

Pater Titus sagt den Menschen nicht, dass ein Leben keine Schwierigkeiten kennt, im Gegenteil. Aber er ermutigt dazu, sich diesen Aufgaben zu stellen und sein Leben für die Möglichkeit offen zu halten, dass aus dieser Aufgabe Gutes, ja sogar Großes entstehen kann.

Lehrer und Erzieher
am St. Joseph-Konvikt

»Er (Pater Titus) sagte einmal einem kleinen Kölner (Schüler), der in der Schule nicht viel leistete (...): ›Dich prügle ich nächstens mal durch‹. Da schaute der Kleine ihn treuherzig an, lächelte ein wenig und sagte: ›Pater Titus, das *können* Sie gar nicht!‹«[71] Diese kleine Episode, die man sich lebhaft vorstellen kann, ist bezeichnend für das Denken und Handeln von Pater Titus als Lehrer und Erzieher am Vechtaer St. Joseph-Konvikt: Strenge und Disziplin, ein gewisses Elitedenken, der fast klösterliche Tagesablauf und schulische Anforderungen auf der einen Seite – und Pater Titus als der stille und wohlmeinende Lehrer auf der anderen.

Als Pater Titus 1917 nach Vechta kam, wurde er von den Mitbrüdern mit offenen Armen aufgenommen. Er sollte seinen Interessen und seinem vorangegangenen Studium gemäß in den sprachlichen Fächern – Französisch vor allem – eingesetzt werden und ging selber mit viel Elan an die Arbeit. Dabei wird ihm geholfen haben, dass auch sein Bruder Timotheus in Vechta lebte[72], der ihm persönlich vertrauensvoll einige Hilfestellungen für den Unterricht geben konnte: »Mache dir keine Unruhe über deinen Unterricht. Weniges bieten, aber mit Liebe, oft mit Liebe und Humor wiederholen.«[73] Auch Pater Pius stand ihm als Leiter des Konviktes zur Seite.

Gleichwohl galt in den Erinnerungen der Ordensprovinz die Lehrtätigkeit von Pater Titus als gescheitert.[74] Ob das

Das Lehrerkollegium im März 1921
In der vorderen Reihe sitzt links P. Titus, in der Mitte (sitzend) P. Pius Keller, bis dahin Rektor des Konviktes und geistlicher Ratgeber von P. Titus und dessen Bruder P. Timotheus.
In der hinteren Reihe (5. von rechts) steht P. Laurentius Siemer, der in dieser Zeit die Leitung der Schule übernahm.

berechtigt ist oder ob die Kritik an ihm nicht vielmehr das ganz andere Denken, die ganz andere Haltung von Pater Titus deutlich werden lässt, soll hier ein wenig bedacht werden. Besonders in den Darlegungen von Pater Hieronymus Wilms[75] und Pater Laurentius Siemer – beide sind für die Darstellung und Rezeption der Provinzgeschichte wichtige Persönlichkeiten – wird berichtet, Pater Titus habe durch seine gutmütige Art keine Disziplin in der Klasse herstellen und durchsetzen können und so als Lehrer versagt. »Pater Titus war kein Pädagoge. Er liebte die Jugend sehr, aber wie er selber den Schülern fast fremdartig vorkam, wusste auch Pater Titus mit den Schülern, v. a. wenn sie als Masse auftraten, wenig anzufangen. Nicht selten stand er jugendlichen Unzulänglichkeiten völlig ratlos gegenüber. Die Folge war, dass man ihn schon nach wenigen Jahren vom Unterricht befreite und ihm andere Aufgaben stellte.«[76]

Pater Titus bemühte sich zwar offenbar, aufgrund der Kritik aus dem Lehrerkollegium autoritärer, energischer und strenger aufzutreten, doch schien ihm das nicht zu gelingen. »Pater Titus, das *können* Sie gar nicht!« – die Antwort des kleinen Schülers zeigt den Erfolg seiner Bemühungen. Auf dem Hintergrund all dessen, was wir bisher von Pater Titus erfahren haben, dürfen wir sie aber doch anders verstehen. »Pater Titus, das können Sie gar nicht« – hier ist weniger ein pädagogisches Versagen angesprochen als vielmehr ein Charakterzug. Ein allzu autoritäres Gehabe, ein lautes ›auf den Tisch hauen‹, erst recht die von Kollegen und Mitbrüdern geforderte Prügelstrafe schien nicht zu ihm zu passen. So energisch auftreten, erst recht den schwächeren Schülern

P. Laurentius Siemer als Rektor der Schule mit den Schülern einer Abschlussklasse

gegenüber, die ihm zur Erziehung und zur Ausbildung anvertraut worden waren – das konnte er in der Tat nicht.

Pater Titus stellte ganz eigene Überlegungen, eigene Erziehungsgrundsätze auf, unter denen sich folgende Überschriften finden: »Das Schlagen und Ohrfeigen soll den Patres streng verboten werden. Nur in außergewöhnlichen Fällen, aber auch dann nicht bei Schülern über 15 Jahren, kann es nach eingeholter Erlaubnis bei dem Leiter gestattet werden. – Über die Notwendigkeit guter und ausreichender Ernährung der Schüler. – Über die Notwendigkeit, dass die Schüler nicht von den Patres zu Botengängen verpflichtet werden.«[77] Diese und manch andere Anmerkungen zeigen, dass für Pater Titus die Schüler zu respektieren und auf keinen Fall zu beschämen waren. Für sie war man verantwortlich und ihre Lernerfolge durften nicht durch private Interessen der Patres behindert werden. Sein Bruder würdigte diese Überlegungen: »Deine Erziehungsprinzipien gefallen mir sehr gut, weil du die Milde nicht in den Vordergrund stellst, um dir die Arbeit zu erleichtern und es dir bequem zu machen, sondern – so macht Gott es auch.«[78]

Überhaupt sprechen die Erinnerungen der Schüler an Pater Titus nicht vom ›Versagen‹. Hervorgehoben werden vielmehr seine Güte und Beherrschtheit, aber auch seine Erfolge als Lehrer. So erinnert sich einer nach mehr als zwanzig Jahren: »Ich habe bei ihm Latein auf der Sexta und Französisch auf der Quarta gehabt. Ich und viele andere haben bei ihm gut gelernt. Sein Hauptfehler im Unterricht war, dass er auch die Schwachen und Schwächsten mitziehen wollte. Er hoffte immer noch, wenn nichts mehr zu hoffen war: Über seine Leistung im Französischen nenne ich das Urteil eines Kölner Gymnasialdirektors, dessen Sohn bei ihm zusammen mit mir Französisch hatte: ›Eine erstklassige Aussprache hat Pater Titus meinem Sohn beigebracht‹.«[79] Ein anderer erzählt: »Pater Titus war einige Jahre lang mein Französischlehrer. Die einhellige Überzeugung von uns siebzehn-achtzehnjährigen Schülern war, dass es sich bei ihm um einen gleichmütigen und gütigen Priester und Geistlichen handelte – im Gegensatz zu bestimmten anderen Patern (sic!), die wir als Lehrer hatten und deren charakterliche Statur weit von der des Pater Titus entfernt war. Der Diener Gottes beherrschte sein Fach und hatte weit reichende Kenntnisse in Literatur.«[80]

Versagen klingt anders! Nicht mangelnde Autorität wird bescheinigt, sondern Fachkompetenz und große Rücksichtnahme gerade auf die Schüler, die sich mit der Schule und mit dem Einleben dort schwertaten. Es lag ihm offensichtlich, nach dem Ausscheiden aus der Lehrtätigkeit Nachhilfeunterricht zu geben für schwächere Schüler oder für solche, die von anderen Schulen kamen und auf den Stand der Klasse gebracht werden mussten, um kein Jahr zu verlieren.

Als Lehrer hatte Pater Titus vielleicht seine Schwierigkeiten, obwohl bei aller geäußerten und im Orden tradierten Kritik manche Fakten anderes sagen: Er war immerhin fünf Jahre lang, von 1917 bis 1923, als Lehrer tätig; anerkannt wurde sein Fachwissen und seine gründliche Vorbereitung; 1920, also nach einer gewissen Zeit der schulischen Arbeit, ernannte man ihn zum Konrektor, was er bis 1922 blieb.[81] Auch schätzte er offenbar selber die Situation anders ein, wie ein Brief von Pater Timotheus an seinen Bruder zeigt: »Du denkst daran, noch Englisch zu geben. Ich glaube nicht, dass dies das Rechte ist. So sehr ich es verstehe und jeder es verstehen kann, dass du diese deine Lieblingssprache unterrichtest, so bin ich doch davon überzeugt, dass der liebe Gott das Opfer von dir verlangt, dass du dich nicht darum bemühst, sondern es ganz Gott überlässt, ob er es wünscht, dass du diese Kenntnisse verwertest. Ich glaube, wenn du dies Opfer, wenn auch blutenden Herzens, ganz bringst, dass Gott dann zum Lohne dir später eine Tätigkeit anweist, wo du auch dein Englisch anwenden kannst. Ich bitte dich, dies in Erwägung zu ziehen: 1.) deiner Gesundheit wegen. Je zersplitterter die Tätigkeit, umso aufreibender. (…) 2.) deines Unterrichts im Französischen wegen, für den du schon so nicht genug Zeit zur Vorbereitung hast.«[82] All das erweckt nicht so sehr den Eindruck von Unfähigkeit, sondern eher den der Überlastung angesichts der verschiedenen Aufgaben.

1922 übernahm Pater Titus als Beichtvater und geistlicher Begleiter eine wichtige Funktion in der Schule, bei der ihm das Vertrauen der Schüler gehörte.[83] Die freuten sich, als er zum Spiritual ernannt wurde.[84] Ohne den Blick für die Wirklichkeit zu verlieren, versuchte er aus seinem persönlichen Glauben heraus die Fragen zu verstehen und Rat zu geben. Mit dieser Einstellung fand Pater Titus immer wieder einen Weg, um den Schülern in schwierigen Situationen Mut zu machen. Pater Hieronymus Wilms, der sonst kaum positiv über die Tätigkeit des Pater Titus als Lehrer zu sprechen weiß, beschreibt dessen geistliche Bemühungen so: »Er schaute und behandelte alles unter übernatürlichem Gesichtspunkte. Dabei war er von einer grenzenlosen Güte, der nichts zuviel war, die immer noch einen Weg fand, die stets hoffte und Mut einflößte.«[85] Diese geistliche Haltung bestimmte sicher auch seine Arbeit als Lehrer: für schwächere Schüler sich auch dort noch zu bemühen, wo andere schon aufgegeben hatten. Offensichtlich wurde ihm dieses weniger von den Schülern als vielmehr vom Lehrerkollegium und den Mitbrüdern als Schwäche ausgelegt.

Auch in der Aufgabe des Spirituals, des geistlichen Begleiters und Beichtvaters, war Pater Titus kein Mann von vielen Worten, er brachte die Dinge vielmehr auf den Punkt: »Dass er auch Einfluss auf das Seelenleben der Schüler hatte, kann ich aus eigener Erfahrung berichten. Ich wollte von Vechta weg und Weltpriester werden. Ich war damals Primaner. Nachdem ich den Gedanken lange mit mir herum getragen hatte, offenbarte ich ihn Pater Titus. Er fragte mich kurz und bestimmt. Ich verließ sein Zimmer – alle Schwierigkeiten waren verschwunden. Nie mehr habe ich den Gedanken gehabt, etwas anderes zu werden als Dominikaner. Ich glaube, es war mehr sein Gebet als sein Wort, das mir den richtigen Weg gewiesen hat.« Viele, denen Pater Titus damals geholfen hat, sind ihm zeit ihres Lebens dankbar geblieben.[86]

Momente der Krise und des Leidens

Als Kind war Pater Titus nicht von kräftiger Statur, von seiner Erkrankung während der Schulzeit wurde schon berichtet. In jungen Jahren zeigte sich hier bereits eine Konstante seines Lebens, die in diesem Kapitel nachgezeichnet sein soll, nämlich die Leidenserfahrungen, die Pater Titus zugemutet wurden und die auch seine spirituelle Persönlichkeit geformt haben.
Die Frage, was den Menschen trägt und hält, bricht drängend in Krisensituationen hervor. In Momenten, die das Leben tief berühren oder gar erschüttern – Krankheit, Lebensentscheidung, Tod –, beginnt der Grund, auf dem man fest zu stehen meint, zu wanken und trägt plötzlich nicht mehr. Was gibt dann Hoffnung für die Zukunft, wenn nach menschlichem Ermessen alles beendet und verstellt scheint? Was gibt dem Leben Sinn und Richtung, wenn vieles sinnlos und vergebens zerrinnt? Krisenzeiten können durch diese Lebensfragen auch Momente der Vertiefung, der Klärung und des Neuanfangs sein, doch sicher ist dies nicht und es nimmt ihnen auch nichts von ihrer Härte und Mühe.
Bei einem Rückblick auf das Leben eines Menschen sind die Krisenmomente seines Weges besonders aussagekräftig, denn sie zeigen etwas von der inneren Persönlichkeit, von ihrer Glaubenshaltung, ihrem Denken und Ringen, ihren Hoffnungen und Sorgen.
Auch Pater Titus musste solche schwierigen Lebensphasen bewältigen. Die Zeit seiner Untersuchungshaft im Olden-

burger Gefängnis, von der später noch ausführlich zu sprechen sein wird, war dabei sicher die intensivste, doch schon zuvor hatte er andere Tiefpunkte ertragen und durchleiden müssen, Krisen, die ganz unterschiedliche Seiten von Pater Titus vor Augen führen, aber die doch alle seinen Glauben erahnen lassen, aus dem heraus er die Situationen verstand und deutete. Das, was er später aus dem Gefängnis an den Vikar des Provinzials, Pater Willigis Erren, schrieb, galt auch in früheren Situationen: »Beten wir füreinander, beten Sie, bitte, besonders für mich, dass ich die Prüfung ganz übernatürlich auffasse. Ich glaube und ich bin mir dessen vor Gott sicher, dass alles für mich und unsere liebe Ordensprovinz eine Zeit überaus großer Gnade und heiliger Berufung ist. Möge der liebe Gott mir die Gnade wahrer Demut verleihen und die Kraft, jedes Opfer für Ihn und Seine heiligen Absichten bis zum Letzten freudig zu bringen. Möge die Prüfungszeit für uns alle eine wahre Schule echter Innerlichkeit werden.«[87]

Krisen deutete Pater Titus als Zeiten der Gnade, die ihn näher zu Gott führten und die ihn dazu zwangen, sich ihm ganz anzuvertrauen und zu überlassen. Die »Schule der Innerlichkeit« ist für Pater Titus keine leere Floskel oder leichte Naivität, mit der er vor der Realität des Lebens frömmelnd die Augen verschließt. Sie ist vielmehr die Konzentration, die innere Ausrichtung auf den guten, zugesagten Heilswillen Gottes, an den zu glauben und auf den zu vertrauen ihn nichts hindern soll. Es ist die Frage nach dem oft kleinen, leisen, vom Schmerz des Augenblicks verschütteten Punkt, an dem der glaubende Mensch sich doch der Treue Gottes gewiss sein kann. Nach diesem Punkt zu suchen, ihn wieder freizulegen, wie nach einer Wasserquelle zu bohren und ihn erneut als zentralen Fixpunkt des Lebens wahrzunehmen – dazu kann eine Krise den Menschen führen.

Drei Ereignisse stellten für Pater Titus sicher besondere Zumutungen dar: das Priestertum seines Bruders Max, seine stets angegriffene Gesundheit und der plötzliche Tod seines Bruders Paul (Pater Timotheus). Sie alle lassen die innere Haltung von Pater Titus erahnen, eine Haltung, die von großem Gottvertrauen spricht, das er als tragenden Grund seines Lebens erfuhr und zu bewahren versuchte.

Der älteste der Brüder, Max Horten, war 1900 in Jerusalem zum Priester geweiht worden, doch schon 1905 gab er das Priesteramt wieder auf. Er habilitierte sich 1906 in Bonn und heiratete 1910 Frau Elisabeth an dem Kahmen. Um die Dramatik und Tragik dieses Geschehens zu begreifen, muss man sich noch einmal an das stark religiös geprägte Elternhaus erinnern. Ein Priester, der seine Weihe für ungültig erklären ließ, der von seinem Weg abkam, welcher doch ›auf ewig‹ eingeschlagen und versprochen war – all das wurde, zumal in damaliger Zeit, als ein Scheitern, als Schande, als Schuld Gott gegenüber empfunden. Die tiefe und echte Religiosität der Familie tat sich damit schwer, auch wenn die Kirche offiziell die Ungültigkeit der Weihe anerkannte und der berufliche Weg von Max Horten als Professor für Orientalistik sehr erfolgreich verlief. Lange Zeit bekamen Max Horten, seine Frau und seine Kinder die Missbilligung und das Unverständnis der Verwandtschaft zu spüren.

In diesem Geschehen fallen plötzlich Schatten auf die Familie Horten, zumal, wenn man den Grund für die Annullierung der Priesterweihe betrachtet: Max Horten sah sich – wie auch immer das zu verstehen ist – übermäßig von anderen zum Priestertum gedrängt, so dass er nicht in der nötigen Freiheit ›Ja‹ zum Empfang der Weihe sagen konnte. Der Vater hatte von ihm gefordert, nach langem Studium endlich die Weihe zu empfangen, und ihm gedroht, die Gelder zu sperren, so dass Max Horten sein Zusatzstudium nicht hätte beenden können und seine Existenzgrundlage gefährdet sah.[88]

All das wurde im Annullierungsverfahren erklärt und bezeugt, all das ließ sich mit Briefen belegen – und zeigte, dass die religiöse Erziehung und Vorstellung in der Familie nicht nur gegenseitige Hilfe und Anteilnahme, sondern auch Druck kannte. Man sieht bei Max Horten nicht die freie Entfaltung einer Berufungsgeschichte, sondern man begegnet der inneren Not eines Mannes, der die in ihn gesetzten Erwartungen nicht erfüllen konnte – und man spürt den hilflosen Umgang seiner Familie mit dieser Situation.[89]

Bewirkte all das auch eine Krise für Pater Titus? Schriftliche Zeugnisse gibt es von ihm zu diesem Fall nicht, aber vielleicht sind doch einige Deutungen seines Handelns erlaubt.

Zunächst betraf die Entscheidung die eigene Familie, mit der sich Pater Titus ja immer eng verbunden wusste. Ein Bruder war gescheitert, das Verhalten des Vaters wurde von der Kirche als falsch und unangemessen beurteilt, und man muss annehmen, dass im Kontext der Annulierung der Weihe manch böses Wort gefallen sein wird.

Die Geschehnisse kamen ausgerechnet zusammen mit den eigenen Überlegungen, einen geistlichen Weg zu gehen. Sein Entscheidungsprozess, eigene Prinzipien und Vorstellungen von Verlässlichkeit erschienen nicht mehr klar. Pater Titus war ein Kind seiner Zeit, und so nahm er die Entscheidung, die sein Bruder Max getroffen hatte, auch als einen Bruch des Versprechens wahr, das dieser Gott und der Kirche gegeben hatte. Mit seiner kirchlichen Gebundenheit, seinem vom Vater vermittelten Rechtsempfinden und seinem Glauben war all das nur schwer zu vereinbaren, zumal in den Jahren 1905 bis 1910, also genau in der Zeit des eigenen Ordenseintrittes, der Annullierungsprozess noch nicht abgeschlossen war[90] und Max Horten somit noch nicht offiziell im Frieden mit der Kirche leben konnte.

Lebenskrisen sind Momente, in denen das eigene Denken und Handeln hinterfragt und neu sortiert wird. Das darf man auch für Pater Titus annehmen, der nicht bei der Erschütterung und Enttäuschung stehen blieb, sondern weiterging und mit der Situation auf gute Weise umzugehen versuchte. Die familiäre Isolation, die Max Horten ertragen musste, wurde von Pater Titus durchbrochen: Er hielt – als Ordensmann und Priester wohlgemerkt – freundlich Verbindung zu seinem Bruder und besuchte ihn und seine Familie. Elisabeth Horten erinnert sich: »Bei seinen Besuchen zeigte sich Pater Titus in keiner Weise meinem Gatten oder mir gegenüber reserviert, noch hatte er jene Scheu, die man oft bei Ordensleuten beobachten kann, an sich. Vielmehr war er in seinem Umgang sehr nett.«[91]

Auch materiell hat Pater Titus geholfen, wofür Max Horten ihm dankbar war: »Besten Dank sage ich Dir also, lieber Franz, dass Du an uns denkst und uns in diesen schweren Zeiten hilfst. Es wird schon alles wieder besser werden.«[92] Pater Titus blieb seinen eigenen Prinzipien treu, doch gleichzeitig hatte er die Weite, andere, gebrochene Lebenswege zu sehen und zu begleiten.

Ein zweites Krisenmoment: die Krankheit von Pater Titus. Schon als Schüler musste er das Collegium Albertinum wegen einer Knochenentzündung verlassen. 1920 zeigten sich Beschwerden an der Lunge, derentwegen Pater Titus sich in Behandlung befand. Man empfahl ihm dringend einen Kuraufenthalt in Davos. Dass er diesen nicht antrat, geschah, wie Pater Timotheus vermutete, weniger aus medizinischen Gründen als vielmehr deshalb, weil Pater Titus diese Kur aus Bescheidenheit nicht wollte. Bei der Nachuntersuchung war er alleine und konnte den behandelnden Arzt wohl entsprechend beeinflussen.[93] Man stellte bei ihm eine »Erkrankung der rechten Lungenspitze«, die »tuberkulöser Natur« sei, fest und verordnete ihm Ruhe: Er »bedarf dringend einer etwa zehnstündigen Nachtruhe, einer etwa zweistündigen Mittagsruhe und je einer einstündigen Liege im Freien vor- und nachmittags.«[94] Insgesamt also der dringende Rat zur Schonung, woran sich der Kranke jedoch mit einer ihm typischen Eigenwilligkeit nicht hielt: Weiterhin war er in der Schule tätig, ferner als Prokurator und als Seelsorger.

Offensichtlich wollte Pater Titus nicht, dass man um ihn viel Aufheben machte. Sein Bruder Timotheus zeigte seine Sorgen in einem Brief an Pater Provinzial: »Pater Titus schrieb mir nach seiner Rückkehr nach Vechta, er bitte darum, dass ich weiter die Oberen mit seiner Gesundheit nicht behelligen solle; es gehe ihm ganz gut. Gleichzeitig teilte er mir aber mit, dass er noch sein Oberlehrerexamen machen werde, dass er wegen des Ausscheidens des Hochw. P. Priors nach Köln den ganzen französischen Unterricht an der Anstalt habe und regelmäßig wöchentlich nach Kellerhöhe müsse. Was diese letzte Aushilfe angeht, so ist zwar kein großer Beichtstuhl dort, aber die Anstrengung ist selbst für einen gesunden Menschen recht erheblich. Ca 2,5 Stunden (hin und zurück) fährt man im offenem Wagen, biniert am anderen Morgen, hat Hochamt mit Predigt um 10 Uhr, hält nach der Predigt sofort eine kurze Katechese und bekommt kein Mittagessen, sondern nur ein reichliches Frühstück, weil der Zug ca. 1 Uhr in Cloppenburg abfährt (...) Pater Titus wird sicherlich noch abends (am Samstag) Krankenbesuche machen und morgens Versehfahrten (im offenen Wagen), Dinge, die zwar sehr wünschenswert, aber nicht von einem kranken Menschen zu leisten sind, der in der Woche durch Klassen und Korrektur völlig beschäftigt ist und zudem immer im Chor[95] mitmachen will, den zu meiner Zeit Pater Titus wesentlich mit aufrecht erhielt.«[96]

Krisenzeiten zeigen die Haltung eines Menschen. Pater Titus zeigt uns seine Disziplin im seelsorglichen Dienst, aber auch eine unvernünftige Rücksichtslosigkeit sich selbst gegenüber, welche die eigenen Bedürfnisse über die Maßen zurücknimmt.

Ein Mitbruder beschreibt es so: »Sein eigenes Ich kam mir, was Rücksichtnahme auf seine eigene Person anging, wie ausgelöscht vor. Nur so war es ihm möglich, so viel Güte und hilfsbereite Liebe auf andere, eigentlich auf alle, auszustrahlen.«[97]

All das hat seinen Preis: In der Mitte des Jahres 1923 spuckte Pater Titus Blut und bekam hohes, ja lebensbedrohliches Fieber, so dass er nicht einmal an der Beerdigung seiner Mutter teilnehmen konnte, die am 3. August 1923 verstorben war. Er wurde liebevoll von den Schwestern gepflegt, doch erst im Herbst stellte sich eine Besserung ein, so dass er Ende Dezember 1923 wieder kleinere Arbeiten übernehmen konnte.[98]

Vier Jahre später, im Januar 1927, wählte der Vechtaer Konvent Pater Titus zum Prior – die Nachricht erhielt er im Bett, wo er mit Grippe lag. Und weiter wird von den Schwestern berichtet: »Nur drei Wochen war er erst Prior, als er einen bösen Eiterfinger bekam. (...) Der Finger wurde schon hier in Vechta zweimal geschnitten und die Ärzte hatten Sorge ob der Hand. Da nahm Pater Rektor ein Auto und brachte ihn nach Düsseldorf-Herdt ins Krankenhaus (...) Er war also, wie ich glaube, 5–6 Monate dort im Krankenhaus. Bekam zu all den vielen Schmerzen noch eine sehr große Herzschwäche und wurde auch versehen und stand, wie er mir später sagte, drei Wochen jeden Tag vor dem Tode. (...) Was der gute Pater damals gelitten und ausgehalten hat, das weiß nur er und der liebe Gott allein. So vergingen 6–7 Monate. (...) Er wünschte sein Priorat niederzulegen. Doch seine Mitbrüder wollten davon nichts wissen (...)«[99]

Die schweren Krankheiten zeigten bleibende Folgen. Sie griffen das Herz an, so dass es geschwächt und wenig belastbar war. Und dennoch behielt Pater Titus die Aufgaben als Prior, Missionsprokurator und Verlagsleiter bei und auch in der Seelsorge war er weiterhin über Gebühr tätig: im Predigtdienst, im Beichtstuhl, im Sprechzimmer des Klosters. Der Dienst für die Menschen und für den Orden durfte nicht zurückstehen, Pater Titus ordnete sich ihm ganz unter, ohne Rücksicht auf seine Kräfte.[100] Pater Laurentius schreibt in seinen Erinnerungen: »Man sah es ihm an, dass er an körperlicher Schwäche litt, aber er gab dieser körperlichen Schwäche nur dann nach, wenn es einfach nicht anders ging. Dabei nahm seine habituelle Schwäche von Jahr zu Jahr zu, zugleich wuchs aber auch sein seelischer Widerstand dieser körperlichen Schwäche gegenüber.«[101]

Die späteren Aufzeichnungen aus dem Gefängnis zeigen diesen Kampf, den Pater Titus schließlich verlieren sollte: Seine Herzschwäche, von der er selbst dem Gefängnisarzt nichts sagte, führte letztlich dazu, dass er den Belastungen der Haft körperlich und psychisch nicht standhalten konnte.

P. Timotheus Horten (1975–1925),
der Bruder von P. Titus

Ein besonders schwerer Schlag war es für Pater Titus, als am 3. August 1925 sein Bruder Timotheus starb. Dieser hatte sich einer an sich harmlosen Operation in Oldenburg unterziehen müssen und war – wohl in Folge einer Embolie – für alle unerwartet verstorben. Timotheus war immer der Lieblingsbruder gewesen, zu ihm schaute er bewundernd, oft genug sogar Hilfe suchend auf. »Als im Jahre 1925 zu Ostern Pater Timotheus als Lehrer an die Ordensschule kam, freute sich Pater Titus sehr, denn er liebte ihn und sagte, dass er nun von ihm noch vieles im geistlichen Leben lernen könne. Sie gingen oft miteinander spazieren, lachten viel miteinander und waren wie frohe Gotteskinder. Doch die Freude dauerte nicht lange, nur bis zum Feste von St. Dominikus. Auch diesen Schlag nahm der gute Pater mit Ergebung, ja mit Dank gegen Gott an.«[102]

Für Pater Titus war sein Bruder ein heiligmäßiger Mann, wie er in einem Brief an den Provinzial zum Ausdruck brachte: »Vielen Dank für Ihren Brief zum Tode von Pater Timotheus. Der liebe Gott hat ihn zu sich gerufen, damit er im Himmel noch mehr für die deutsche Ordensprovinz wirken kann durch seine Fürbitte als hier auf Erden. Und so wollen wir voll Gottvertrauen in die Zukunft blicken.«[103]

Aus dem Gefängnis, wo er begonnen hatte, eine Biographie von Pater Timotheus zu schreiben, legt er in einem Brief an Pater Swidbert Soreth eine Zusammenfassung des Lebens seines Bruders vor – eine Zusammenfassung, in der sich sein eigenes Leben zu spiegeln scheint: »(…) Kämpfe und Ringen, das Schweigen der Gnade, Benützung derselben, Beten, Betrachten, Schweigen, Leiden. Eine Darstellung kann nur das bieten, was die Persönlichkeit selbst gewesen ist, gerade wenn man den inneren Menschen sich entwickeln lassen will. Dadurch würde es gerade lehrreich für strebende Seelen. Pater Timotheus hat furchtbar kämpfen müssen, aber überwältigt von der Gnade hat er sich ganz umgestellt und mit willensstarker Treue das von Gott Begonnene mit seiner Gnade durchgeführt.«[104]

Der Tod seines Bruders führt Pater Titus hinein in das Bekenntnis der Auferstehung, der sicheren Geborgenheit bei Gott. Obwohl der Verlust ihn hart traf, so findet sich bei ihm keinerlei Zweifel, kein Hadern mit Gott, keine Bitterkeit. Er war sich sicher, dass Pater Timotheus nun bei Gott ist und das Ziel des Lebens erreicht hat. Es ist etwas, was man vielleicht als ›Gottesgewissheit‹ beschreiben könnte und was der Vorstellung vom gütigen, barmherzigen, liebenden Gott entspricht. Diese Gewissheit war es, aus der Pater Titus Kraft für die schweren Momente seines Lebens schöpfte, aus der heraus er den Menschen begegnete und predigte und die ihn später die schwere Zeit der Haft durchstehen ließ – nicht naiv, sondern geformt vom Leben.

»Gott ist die Liebe«, so dürfen Christen glauben. Damit bekennen sie Gott als denjenigen, der sich nicht in sich selbst verschließt, sondern der sich mitteilt, der auf menschliche Weise in Jesus Christus mit den Menschen Gemeinschaft sucht, so sehr, dass er sogar das Leben dafür gibt. All das, was dem liebenden Werben Gottes ein Nein entgegnet, wird durch das große Ja Christi am Kreuz überwunden. Es ist ein Ja, das trotzdem gesprochen wird: trotz der Enttäuschungen, trotz der Verwundungen, trotz der Verlassenheit, trotz des unverschuldeten Leids, trotz des Todes. Und gerade dadurch wandelt sich das Nein, das das Kreuz ausdrückt, zum Ja des Ostermorgens, zur Auferstehung, zum neuen Leben, das keinen Tod, kein Nein zu Gottes Liebe mehr kennt.

Pater Titus zeichnet es aus, dass er trotz der schweren Situationen seines Lebens Ja sagt zu den Menschen und zu Gott. Dem Menschen heute mag das manchmal zu naiv, zu ergeben erscheinen – und die Briefe, die Pater Titus während der späteren Gefängnishaft schreibt, mögen diesen Eindruck noch verstärken und sind uns heute sicher in vielem fremd. Aber das, was so einfach aussieht, ist doch dann anspruchsvoll und hart erarbeitet, wenn es konkrete Lebensrealität werden soll: trotz Enttäuschungen, trotz persönlicher Anfragen, trotz schwerster Krankheit, trotz schmerzvoller Todeserfahrung offen zu bleiben für den anderen, offen zu bleiben für Gottes Wirken und Gottes Gnade. Es ist eine Kunst, sich nicht im eigenen Leid zu verschließen, nicht zu verbittern oder den Blick auf die christliche Hoffnung zu vergessen. Es ist eine überzeugende Haltung des Glaubens, die trotzdem Ja sagen lässt zum Willen Gottes, die sich gerufen weiß zum anderen und die eine Solidarität nicht aufkündigt, selbst dann nicht, wenn das Handeln des anderen den eigenen Lebensüberzeugungen widerspricht. Einfach sieht all das nur aus, wenn es einem Menschen wie selbstverständlich gelungen ist, dieses Ja im Leben durchzuhalten. Leicht sieht es aus, wenn es zur alltäglichen Haltung eines Menschen geworden ist, aus Gottes Liebe heraus zu glauben und zu handeln. Dass dahinter auch schmerzhafte Lebenserfahrungen stehen, ein Ringen und Kämpfen, muss man annehmen, denn sonst wäre eine Lebenshaltung der Gottesgewissheit wohl wirklich naiv und oberflächlich.

Pater Titus als Prior

»Heute musste es herauskommen, wer Prior geworden war. Alle waren sehr gespannt. Da schellte es bei Tisch, Pater Rektor sagte: ›Der neue Prior ist Pater Titus‹. Bravo, Bravo – ein brausender Beifallssturm ging los. Besser hätte es nicht kommen können. Eben um 7 Uhr hatte er unterschrieben. Leider war er noch krank, deshalb konnte er noch nicht zu uns herüberziehen.«[105] Die Chronik der Schule berichtet mit spürbarer Freude über die Wahl im Januar 1927. Am 29. Januar trat Pater Titus sein neues Amt an und offenbar machte er seine Sache gut – so gut, dass er am 2. Februar 1930 für eine weitere Amtszeit einstimmig wiedergewählt werden sollte.[106]

Es war eine anspruchsvolle Aufgabe, die ihm die Brüder anvertrauten. Für die Finanzverwaltung der Ordensmission[107] und die Leitung des Albertus-Magnus-Verlages war Pater Titus bereits verantwortlich, dazu kamen noch die Dienste als Spiritual der Kollegschüler, als Beichtvater an der Pfarrkirche St. Georg und als Prediger. All das sollte der neue Prior auch in Zukunft weiterführen.

Ganz unterschiedlich waren die Arbeitsfelder der Dominikaner in Vechta, die von der Jugenderziehung bis zum Presseapostolat, von der individuellen Seelsorge vor Ort bis zur Mission in Fernost, vom gemeinsamen geistlichen Leben bis zu den Tätigkeiten des Einzelnen reichten.

Doch was auf der einen Seite große Möglichkeiten bietet, kann auf der anderen Seite das dominikanische Leben, das

Pater Titus, Prior des Vechtaer Konventes 1927

immer auch ein gemeinsames Ordensleben sein will, aushöhlen. Durch die Vielfalt stehen viele verschiedene Aufgaben und Kompetenzbereiche nebeneinander und drohen das, was mit ›Konvent‹ gemeint ist – nämlich der Ort bzw. die Gemeinschaft, in dem bzw. in der man zusammenkommt –, ad absurdum zu führen. Zu viele unterschiedliche und gegenläufige Kräfte waren am Werk, zu viele Interessen, Anforderungen und Personen.

Wie kompliziert sich das Ganze gestaltete, wird besonders im Blick auf das Miteinander von Klostergemeinschaft (Konvent) und Schulgemeinschaft (Konvikt) deutlich, wie Pater Laurentius Siemer in seinen Erinnerungen treffend beschreibt: »Der Konvent stand rechtlich genauso da wie jeder andere Konvent; tatsächlich aber war er ganz anders geformt. Denn die Aufgabe der Konventualen war weniger die Aufgabe der Seelsorge, sondern in erster Linie der Unterricht in der Schule. Infolgedessen wurde ihnen die Arbeit nicht eigentlich vom Prior zugewiesen, sondern vom Rektor. Der Prior war sogar in seiner Arbeitszuteilung an die verschiedenen Patres so gebunden, dass er die Zustimmung des Rektors einholen musste, wenn er einem Pater eine größere außergewöhnliche Arbeit aufzutragen beabsichtigte. Der Rektor unterstand als solcher überhaupt nicht dem Prior, sondern unmittelbar dem Provinzial. Als Ordensmann war er trotzdem durchaus Untergebener des Priors. So überkreuzten sich vielfach die Aufgaben und die Rechte des Priors und des Rektors. Es kam ganz darauf an, ob die beiden führenden Persönlichkeiten die Klugheit und den Takt aufbringen würden, gegebenenfalls aufkommende Kompetenzschwierigkeiten zu überwinden.«[108]

Man kann sich gut vorstellen, wie schwierig sich hier eine Zusammenarbeit entwickelte. Es war ein verworrenes Sys-

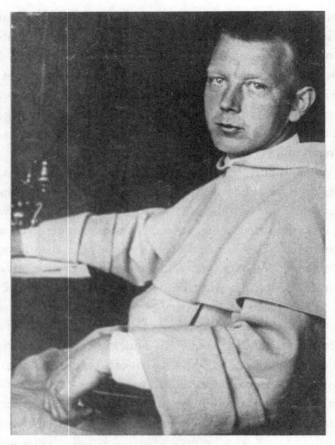

P. Laurentius Siemer, von 1921 bis 1932 Rektor des
St. Joseph-Konviktes, von 1932 bis 1947 Provinzial der
Dominikanerprovinz Teutonia

tem, in dem sich die beteiligten Personen leicht gegenseitig blockierten, ein System, das bestenfalls zu einem Nebeneinander, eher zu einem Gegeneinander führte – aber nur schwerlich zu einem Miteinander. Pater Laurentius bemerkt richtig, dass es »Klugheit und Takt« der führenden Persön-

lichkeiten brauchte, um trotzdem miteinander zu leben und zu arbeiten.
Er spricht dabei von sich selber und von Pater Titus. Pater Laurentius war Rektor des Konviktes, Pater Titus Prior des Konventes. Nicht immer war bei den beiden Klugheit und Takt spürbar, denn beide Männer waren starke und dabei sehr unterschiedliche Charaktere.

Pater Laurentius war ein sehr selbstbewusster Mann, der in der Erziehung der Jugend moderne und bisweilen auch ungewöhnliche Wege zu gehen bereit war. Er führte die Schule mit starker Hand, pragmatisch und mit einer gewissen Eigenverantwortung der Schüler. Musik und Sport, wilde Geländespiele der Pfadfinder, das alles in straffer Organisation, an dessen Spitze als mutiger und manchmal spontaner Entscheidungsträger der Rektor stand – so war Pater Laurentius.[109] Er wusste, was er wollte – und ging dies zielstrebig, entschlossen und selbstbewusst an.

Pater Titus war in vielem das Gegenteil: Sein Sinn für Literatur und Sprache steht exemplarisch für einen feingeistigen Charakterzug, dem zeitlebens alles Wilde und Spontane, auch alles laute und militärische Auftreten fremd blieb. Entscheidungen, die er als Missionsprokurator treffen sollte (und waren sie noch so nebensächlich) wurden von ihm beim Provinzial abgesichert[110] – ein Vorgehen, welches Pater Laurentius völlig fremd war. Wo dieser eher vorpreschte, dort trat Pater Titus zurück. Auch forderte nach Meinung von Pater Titus die Ausrichtung des Konviktes als ›apostolische Schule‹ eine entsprechende Tagesgestaltung. Einem klösterlichen Leben sollte mehr Raum gegeben werden, um die Schüler auf ihr angestrebtes Ordensleben vorzubereiten.[111] Das jedoch vertrug sich nur schwer mit den Vorstellungen eines Direktors, der mit dem Kunstflieger Gerd Achgelis

Runden im Flugzeug über Vechta drehte und so für die Schüler damals zum mutigen Helden der Fliegerei wurde.[112]

Auch Pater Titus war nicht immer zurückhaltend, er wusste durchaus, was er wollte. Dabei hatte er eine Schwäche, von der bisher noch nicht die Rede war, da sie insbesondere im Zusammenspiel mit Pater Laurentius hervortrat, nämlich den Jähzorn. Seine Explosionen waren gefürchtet – von den anderen, fast mehr aber von ihm selbst. Er litt unter seiner Unbeherrschtheit, denn sie widersprach seinem Verständnis von Demut, von Heiligkeit und brüderlichem Umgang. Aber er konnte manchmal nicht an sich halten, denn im Innersten widerstrebte Pater Titus die Art, mit der Pater Laurentius die Schule und die Schüler führte. Auch wurden die Brüder zu sehr durch die Schule gebunden, so dass sie kaum Zeit und Ruhe für das Gebet und die Seelsorge finden konnten. Es war ein hohes Ideal, unter das sich Pater Titus stellte, und er litt innerlich, es oft nicht zu erfüllen. Er litt

P. Laurentius Siemer zusammen mit Schülern des Konviktes (1930). Der Rektor war bei den Schülern in seiner forschen Art sehr beliebt.

an seiner selbst empfundenen Unvollkommenheit und wohl auch an dem Unverständnis, mit dem ihm mancher dabei begegnete.[113]

So war die Situation in Vechta nicht nur in den verschiedenen Aufgabenfeldern, sondern auch von unterschiedlichen Persönlichkeiten bestimmt. Ein Prior soll nun all das zusammenführen, Gegensätzliches verbinden, das Miteinander im Gebet und in der Verkündigung stärken. Das ist Pater Titus durchaus gelungen, doch musste er dafür manches Mal über seinen Schatten springen. Das gab auch Pater Laurentius zu: »In dem langjährigen Verkehr mit mir zeigte sich Pater Titus stets als selbstloser und opferbereiter Helfer. Gern, fast selbstverständlich trat er zurück, wenn wir eine Aufgabe gemeinsam zu lösen hatten. Ein einziges Mal, soweit ich mich erinnere, hatte ich als Rektor mit ihm einen Zusammenstoß, weil er in einer pädagogischen Angelegenheit konkreter Art anders dachte als ich. In der Meinung, bei diesem Zusammenstoß zu heftig mir gegenüber gewesen zu sein, bat er zweimal in der demütigsten Form um Verzeihung, ohne seine persönliche Meinung über die Angelegenheit aufzugeben.«[114] Auch später betonte Pater Laurentius, dass es nur an Pater Titus gelegen habe, dass man trotz der Differenzen immer wieder zusammenfand.[115]

Pater Titus gab also nach um des großen Ganzen Willen. Ist das nun ein Zeichen von Schwäche, von Feigheit vielleicht, die jeden Konflikt meidet?

Es geht ihm wohl wieder einmal um den anderen, um die Aufgabe, die der Orden an ihn stellte. Dabei stand er zurück für den anderen, für das Ganze der Verkündigung, für die er Verantwortung trug. Letztlich zeigt sich darin die Sorge von Pater Titus für das Heil der Menschen, denen er dienen soll. Es ist die innere Haltung der Demut, die zum Nachgeben, zum Kompromiss und gegebenenfalls zur Versöhnung befähigte – und die deshalb nicht unglaubwürdig ist, weil sie Pater Titus offensichtlich nicht in die Verbitterung führte, sondern ihn die Freundlichkeit durchhalten ließ, die für ihn auch in anderen Begegnungen kennzeichnend blieb. Seine Demut machte ihn nicht klein.

So schaffte Pater Titus im Vielerlei ein Miteinander. Seine innere Einstellung war die Voraussetzung für die Nächstenliebe, die er zeit seines Lebens praktizierte und die ohne Demut vor dem Nächsten kaum hätte Gestalt annehmen können. Demut ist etwas anderes als Unterwürfigkeit. Vielmehr bezeichnet sie eine Haltung, die in Achtung vor dem anderen die eigene Person zurücknimmt. Sie entscheidet sich bewusst, auf das Durchsetzen eigener Ziele zu verzichten, um dem anderen einen Raum zur Entfaltung zu geben und ihn zu unterstützen.

Die Nächstenliebe, gewachsen aus eben dieser Haltung, sollte das Leben prägen – so sah es Pater Titus. Dabei beschränkte er sich nicht nur auf seinen Bekanntenkreis oder Konvent. Es war für Pater Titus eine Selbstverständlichkeit, den Brüdern aus der Ordensprovinz, die im ländlich gelegenen Vechta ihren Urlaub verbringen wollten, die Möglichkeit zur Erholung zu bieten. Pater Pius Herf erinnert sich: »Sehr groß war seine Gastfreundschaft. Viele auswärtige Mitbrüder, auch aus dem Ausland, durften nach Vechta kommen, um sich auf Kosten des Hauses zu erholen. Als ich diesbezüglich einmal eine Bemerkung machte, sagte er herzlich lachend: ›Die werden hier überholt‹.«[116] Pater Titus schrieb selber einmal: »Wenn wir schon für den Sommeraufenthalt einen ungarischen und zwei amerikanische Patres zu Gast haben, so wird es uns doch eine Freude sein, auch einen holländischen Pater bewirten zu dürfen. Wir werden uns bemühen, ihn äußerst freundlich aufzunehmen.«[117]

Seine Großzügigkeit ging den Brüdern des eigenen Konventes manchmal zu weit, denn wirtschaftliche Not und die hohen Kosten der Schule zwangen schließlich zur Sparsamkeit.[118] Pater Laurentius schrieb rückblickend: »Mehr Optimist denn Pessimist, besaß er die Neigung, stets die bessere Seite der Dinge zu sehen, und zwar manchmal auch entgegen der Meinung der anderen. Diese Haltung hatte zur Folge, dass er sich besonders wohlwollend gegenüber Untergebenen zeigte, die eher auf Gefühlsregungen als auf rationale Argumente reagierten. Für jede Art Not verfügte er über eine ausgeprägte Sensibilität. Wenn er eines Bedürfnisses gewahr wurde, versuchte er mit allen Mitteln zu helfen und legte dabei nicht selten eine Großzügigkeit an den Tag, die nicht immer in den Grenzen der notwendigen Maßnahmen zu verbleiben schien – er vermochte eine gewisse Unempfindlichkeit sich selbst gegenüber zu zeigen. Mir schien, dass die Selbstlosigkeit ihm in einem gewissen Sinne angeboren und daher nicht zur Genüge gezügelt war.«[119]

Wie eine ›angeborene Selbstlosigkeit‹ – so selbstverständlich wurde das Handeln von Pater Titus empfunden. »Was brauchst Du jetzt? Was hilft Dir zum körperlich oder seelischen Heil?« – eine solche Haltung dem anderen gegenüber ist jedoch weniger angeboren, man muss sie vielmehr einüben und pflegen. Bei Pater Titus begegnet sie uns in der Familie, während seiner Studienjahre, den Mitbrüdern im Noviziat gegenüber, schließlich als verantwortlicher Verlagsleiter und Prior. Immer bereitete es Pater Titus eine echte Freude, anderen eine Freude machen zu können.

Offenbar schätzten die Brüder seine Art, sonst hätten sie ihn kaum nach drei Jahren, am 2. Februar 1930, für eine

Der Dominikanerkonvent von Vechta 1927
Jeweils von links nach rechts:
Vordere Reihe: P. Thaddäus Roth, P. Norbert Großgart, Br. Dionys Rick, P. Reginald Weingärtner, P. Prior Titus Horten, P. Benno Riedele, Br. Casimir Letzel, P. Emmanuel Tönnies
Mittlere Reihe: P. Kilian Vogelmann, Br. Suso Demleux, P. Innozenz Strunck, Br. Andreas Gübbels, P. Elger Hagemann, P. Fidelis Meditsch, P. Justinus Kühl, P. Placidus Wehbrink, P. Alexander Siemer
Obere Reihe: P. Bertrand Habes, Br. Amandus Klesse, Br. Isnard Belach, P. Laurentius Siemer, Br. Felix Weberg, P. Godefried Wieneke, Br. Theodor Pelzer, Br. Beda Löhr

zweite Amtsperiode als Prior des Konventes in Vechta wiedergewählt. Und dass er noch vor Ablauf seiner Amtszeit sowohl im Konvent Walberberg wie im Kölner Konvent ›Heilig Kreuz‹ für das Amt des Priors mit großer Mehrheit gewählt wurde, beweist seine Kompetenz und hohe Wertschätzung in der Ordensprovinz.[120] Pater Titus lehnte beide Wahlen ab, ebenso die Wahl zum Prior des Konventes in Düsseldorf im September 1934.[121]

Natürlich sah Pater Titus auch die Not der Menschen in den wirtschaftlich angespannten Jahren, von der die Konventschronik berichtet: »Gestern Mittag (17. August) 21 Arbeitslose an der Pforte Mittagessen und am Abend auch immer eine ganze Reihe von Kostgängern, die keine Arbeit haben! Wo soll das nur hinführen? (...) Deus providebit! Das gilt auch noch für diese ernste Zeit, wenn wir nur unsere Pflicht tun und Vertrauen haben. (...)«[122] Pater Titus selbst schrieb im Januar 1932 an Pater Karl Bosslet: »Sonst ist die Not hier im Vaterlande sehr groß, sechs Millionen Arbeitslose. Wenn Sie dazu die Familien stellen, haben Sie ungefähr 20 Millionen, die von Staats wegen erhalten werden. (...) Die Arbeitslosigkeit hat auch schwere moralische Defekte zur Folge, Müßiggang ... ist aller Laster Anfang. Beten Sie! Wir müssen uns durchhelfen.«[123]

Wenn die Anteilnahme der Bevölkerung am Tod von Pater Titus 1936 so groß war, dann ist dafür sicher hier ein entscheidender Grund zu sehen: in seiner Sorge um und für die Menschen, die mit ihm lebten. Er war kein politisch agierender Mensch. Seine Verhaftung und Verurteilung, wovon noch die Rede sein wird, waren nicht die Folge eines Widerstands gegen den nationalsozialistischen Terror, der zunehmend auch die Kirche betraf. Warum die Menschen ihn wie einen Heiligen verehrten, finden wir in der beschriebenen demütigen, aufmerksamen Haltung, die nicht zuerst sich selber sah, sondern den anderen in dessen Situation. In der Hilfe, die Pater Titus leistete – bisweilen über eine für ihn selber und die Kommunität erträgliche Grenze hinaus –, in dieser Hilfe spürten die Menschen eine Liebe, die ihren Grund in seiner tiefen Gottverbundenheit hatte.

Aus Sensibilität legte Pater Titus Wert darauf, andere in ihrer Armut und Hilfsbedürftigkeit nicht bloßzustellen.

»Über seine Nächstenliebe habe ich mich gelegentlich in der Stadt erkundigt und immer wieder hören müssen, dass Pater Titus als Vater der Armen, vor allem der verschämten Armen, galt und sich für ihre Unterstützung in der Stadt Geld und andere Dinge erbettelte. Zu der Bevölkerung der Stadt hatte er vielfache Beziehung erhalten durch seinen Beichtstuhl in der Pfarrkirche, den er außer seinen zahlreichen Arbeiten übernommen hatte.«[124] Wohl auch deshalb war die Hilfe, die Pater Titus leistete, diskret und setzte beim Selbstbewusstsein, bei der Ehre der Bittsteller an. Er half dadurch, dass er etwa den Handwerkern durch Aufträge und Anschaffungen des Klosters Arbeit beschaffte. Er wollte den Leuten eine Möglichkeit zum Verdienst geben.[125] Diese Art der Begegnung und des Umgangs war es, die Pater Titus schon zu Lebzeiten den Ruf eintrug, ein Heiliger zu sein.[126]

Die Aufgaben, die der Orden ihm übertrug, verstand er als Ruf Gottes an ihn, dem er sich zur Verfügung stellte und auf den er als Lehrer, als Prokurator oder als Verlagsleiter Antwort gab, auch wenn er für sich selber manches Mal etwas anderes gewünscht hätte. Seine Schwester Johanna, die ihn gut kannte, berichtete über die Einstellung ihres Bruders: »Seine Arbeit, die ihm zwar im Licht des Glaubens groß und wertvoll erschien, entsprach doch wenig seinen persönlichen Wünschen. Er wünschte sich ein Leben, das mehr dem Gebet, dem Studium, der Predigt und der Seelsorge geweiht war. Einerseits zog es ihn zur Stille des Kartäuserlebens, andererseits brannte in seiner Seele ein großer apostolischer Eifer, der zur Arbeit drängte. Im Willen Gottes, dem er sich ganz hingegeben, fand er Ruhe und Glück.«[127]

Wie später im Gefängnis schöpfte Pater Titus aus diesem Glauben Kraft und versuchte aus ihm heraus seine Situation anzunehmen. Das ermöglichte es ihm, in den verschiedenen Ämtern Freude und Sinn zu sehen, es erklärt aber auch, vor allem in der Haft, seine sonst kaum nachvollziehbare Ergebenheit und äußerliche Passivität. Er fügte sich ganz in den Willen Gottes, der ihn seinem Verständnis nach an den jeweiligen ›Platz‹ führte, an dem er im Gottvertrauen wachsen konnte. Diese Orte waren für ihn Orte und Zeiten der Gnade, sie waren Geschenk, um sich Gott vorbehaltlos überlassen zu können.

Für Pater Titus war die geistliche Ausgestaltung seines Amtes maßgeblich. Er wollte als Prior auf die Verpflichtungen im Chorgebet und im Gemeinschaftsleben achten, was v. a. das regelmäßige Gebet bedeutete, das von ihm selbstverständlich treu gehalten wurde, manches Mal auch gegen recht widrige Umstände.[128] Wenn es ihm nur irgendwie möglich war und es seine Arbeiten im Verlag oder anderswo zuließen, nahm er an den Gebetszeiten im Kloster teil. Dann wanderte er oft mehrmals am Tag zwischen dem Konvent in Füchtel und dem Verlag in der Stadt hin und her, um das Chorgebet der Gemeinschaft als Prior aufrechtzuhalten.[129] Für den etwa viertelstündigen Fußweg nahm er gewöhnlich nicht die Straße, sondern einen Feldweg, um ungestört seinen Rosenkranz beten zu können. Das hielt er pünktlich und regelmäßig bei, sodass er für die Menschen in Vechta als betender Dominikaner zu einer vertrauten Erscheinung wurde.

So streng und pflichtbewusst Pater Titus im Bereich der klösterlichen Observanz auch gegen sich selber war, so großzügig konnte er doch gegenüber seinen Mitbrüdern sein. Es kam ihm gerade im Gebet vor allem auf eine ehrliche innere Haltung an. »Ich erteile eine Erlaubnis, wenn es mir möglich ist zu erlauben; die Menschen müssen nämlich eine gewisse Freiheit genießen und sich frei bewegen können. Aus diesem

Grunde gebe ich jede Erlaubnis, die ich geben kann.«[130] Die Erlaubnis, so darf man annehmen, bezieht sich etwa auf die Dispens vom Chorgebet, wenn die Aufgaben der Seelsorge es erforderlich machten. Auch im geistlichen Leben lehnte er eine nur äußerliche Befolgung der Regeln ab. Pater Titus respektierte die Entscheidungen der anderen – und verstand dabei sein Amt als Prior eher als anregendes Vorbild im gemeinsamen Dienst vor Gott. Es ging ihm im geistlichen Leben um die innere Wandlung und Formung hin zur Heiligkeit, die das große Ziel seines Mühens war.

Streben nach Heiligkeit

Krankheit und Tod und der Umgang mit diesen Erfahrungen, seine freundliche, aufmerksame Sicht auf die Menschen und die Bereitschaft, notwendige Verantwortung zu übernehmen – all das gibt der Haltung von Pater Titus Kontur. Es findet seine innere Linie, seinen inneren Zusammenhang in einem Lebensziel, das von ihm selber immer wieder formuliert wurde, nämlich in seinem Streben nach Heiligkeit.

So schreibt Pater Titus an Pater Swidbert, mit dem er des Öfteren einen geistlichen Austausch pflegte: »Ein großes Gebiet bleibt uns immer: unsere persönliche Heiligkeit. Ein Heiliger in jedem Haus unserer Provinz und vieles würde, was Observanz anbetrifft, besser stehen. (...) Ich meine immer, die sicherste und tiefste Reform besteht nicht darin, dass ich sage: Du darfst nicht ..., Du musst, ... Du sollst, sondern in der unmerklichen, aber gleichsam zwingend übertragenen und im Herzen der anderen entfachten Gottesliebe. (...) Kurz ausgedrückt: Reform nicht von außen, sondern von innen heraus. Erst das Innere umbilden (contemplari) und das geschieht, indem eine neue Welt aufgeht, in deren Bann man steht – St. Paulus zu Erden geschmettert – und man gar nicht anders kann, als dass man ein neuer Mensch wird in Christo und dann auch so handelt und in allem umgebildet ist und alles Weltliche für Unrat erachtet. Haben Sie Geduld mit mir, nichts davon kann ich, es ist nur mein Wunsch für unsere lieben Mitbrüder und mein beständiges Gebet.«[131]

In diesem konzentrierten Zeugnis findet sich ein ganzes Lebensprogramm, dem sich Pater Titus verschrieben hat: Nicht mehr Pflichterfüllung sollte sein Handeln sein, sondern innerer Mitvollzug, hervorgebracht aus tiefer Gottesliebe. Pater Titus gibt eine kurze und von aller moralischen Engführung freie Erklärung, was Heiligkeit im Kern bedeutet: die freie Antwort des Menschen auf die Liebe, mit der Gott ihm begegnet. Diese Antwort ist zuerst eine das Leben formende Haltung, die alles durchdringt und das Handeln bestimmt. In diese Liebe soll der Mensch immer tiefer hineinfinden und alles, was sie verdunkelt oder blockiert, überwinden.

Es ist ein lebenslanger Wandlungsprozess, den man bei Pater Titus nachvollziehen kann. Am Anfang seines Ordenslebens war dieses Streben nach Heiligkeit schon für seine Mitnovizen spürbar, jedoch in erster Linie als treues Befolgen der Ordensobservanzen: »Bei Pater Titus war von Anfang an ein starkes Vollkommenheitsstreben zu bemerken (…). In der Beobachtung der Konstitutionen des Ordens, der Noviziats- und Studentatsvorschriften (Silentium, Pünktlichkeit, Hilfsbereitschaft usw.) war er fast übergenau. Zwar wirkte sein asketisches Streben wohl etwas voluntaristisch und verkrampft.«[132]

Es blieb aber nicht bei einem bloßen Befolgen von Ordensgesetzen. Vielmehr führte der Formungsprozess von außen nach innen: Die äußere Disziplin und Zuverlässigkeit, die freundliche Begegnung mit den Mitbrüdern und das genaue Einhalten etwa der Gebetszeiten veränderte ihn, formte ihn hinein in die Liebe zu Gott. Und so blieben die verschiedenen Handlungen, die Observanzen, die religiösen Übungen nicht nur Äußerlichkeit, sondern wurden zunehmend Ausdruck dieser Gottesbeziehung. »Im Noviziat und Studentat war sein Vollkommenheitsstreben noch nach der

Art eines Anfängers, er hat sich aber immer zusammengerissen und nicht aufgehört zu streben; und vieles, was man an ihm erkennen konnte, war nicht selbstverständlich, wie z.B. eine Naturanlage es ist. Später aber war sein Streben zur zweiten Natur geworden und sein Bemühen zur Heiligkeit konnte man gerade jetzt in der Vechtaer Zeit recht klar feststellen, jetzt, wo er nicht mehr der strengen Ordnung des Studentates und Noviziats unterlag, dass er in der freien Ordnung eines Seelsorgekonventes sich bewährte.«[133]

All das hat für Pater Titus etwas mit Wandlung zu tun. Die selbstkritische Anklage, dass er all das noch nicht erreicht habe, war keineswegs leichtfertig oder als fromme Floskel gesprochen, sondern weist darauf hin, dass er hart an sich arbeiten musste. Pater Titus hatte neben der stillen und ruhigen Seite auch einen aufbrausenden, manchmal sogar jähzornigen Charakterzug, den er unbedingt im Zaum halten wollte. Sein Streben nach Heiligkeit war nicht nur fortdauerndes Gebet und tätige Nächstenliebe, sondern echte Arbeit an sich selber. Es war für Pater Titus auch das schmerzhafte Eingestehen eigener Grenzen und Fehler, der Wille zur Veränderung und disziplinierte Arbeit an sich selbst, immer und immer wieder.

Denn bei allen Idealen, nach denen man hinsichtlich der Nächstenliebe zu leben versucht, bei allen Vorsätzen zum Verständnis und zur gegenseitigen Annahme: es gelingt eben nicht immer. Es gibt nun einmal Sympathien und Ablehnung, es gibt Charakterzüge und Denkweisen anderer Menschen, mit denen man sich sehr schwertut, aber die doch zum Zusammenleben dazugehören.

So ist es auch bei Pater Titus. Er tat sich zweifelsohne schwer mit Pater Laurentius Siemer, mit dem er doch sein ganzes Ordensleben lang verbunden war. Er tat sich schwer mit der Oberflächlichkeit, die viele Unterhaltungen seiner Mitbrüder bestimmte. Umgekehrt war es nicht anders. Auch Pater Titus stieß auf Ablehnung und Unverständnis, da manche ihn zwar für fromm, aber doch auch für wenig intelligent hielten. Pater Laurentius formuliert dies in seinen Erinnerungen sehr scharf: »Es schien mir, dass Frater Titus bei seiner mittelmäßigen Begabung wohl nur deshalb zum Studium gekommen sei, weil er aus sehr reicher Familie stammte, sonst vielleicht ein einfacher Mensch geblieben wäre. (...) Allerdings war mir völlig klar, dass, wenn einer von uns, dann Frater Titus für den Ordensstand alle Anlagen mitgebracht hätte.«[134]

Immer wieder bat Pater Titus um Verzeihung und um Geduld, wenn ihn wieder der Jähzorn übermannt hatte und er sich seiner Ausbrüche schämte. Er war besorgt, Mühe zu bereiten oder zur Last zu fallen, wusste er doch um die eigenen Wesenszüge, mit denen andere ihre Schwierigkeiten hatten: seine aufbrausende Art einerseits, sein manchmal sehr verschlossener, introvertierter Charakter andererseits.

Sein Streben nach Heiligkeit war dabei nicht kleinlich und zwanghaft, sondern ergab sich für Pater Titus aus seiner lebendigen Gottesbeziehung. So erzählt Schwester Sadoca: »Einmal sagte ich am Vorabend vor Maria Himmelfahrt zu ihm: ›Morgen ist ein schönes Muttergottesfest, da muss man 1000 Ave beten, da kann man sich drei Gnaden wünschen, die werden einem gewährt.‹ Da sagte er, mich durchdringend mit seinen großen Augen anschauend: ›Wenn Sie das bis jetzt getan haben, von jetzt ab beten Sie sie nicht mehr, denn das ist kein Gebet mehr. Beten Sie einen Rosenkranz recht andächtig, der wird ihnen mehr nützen als dieses Geplapper von 1000 Ave.‹ Und ich durfte seitdem keine solche Gebetsweise mehr führen.«[135]

Pater Titus vertrat eine sehr bodenständige Spiritualität, die im Alltag ihren Ausdruck finden sollte: »Wenn wir auch wünschen sollen, in dem liebenden Verkehr mit dem lieben Gott immer mehr Fortschritte zu machen, so müssen wir uns doch hüten, den Boden unter den Füßen zu verlieren, d. h. nie außer Acht lassen, die täglichen schlichten einfachen Tugenden meist ungesehen, aber deshalb umso treuer zu üben. Das ist gleichsam das feste Fundament, auf dem unser Tugendgebäude errichtet werden muss, es darf nicht Sand sein. Beten wir füreinander, dass wir es einsehen und es befolgen.«[136]

›Beten wir füreinander‹ – diese Einladung wiederholte er oft, stand sie für ihn doch in innerem Zusammenhang zum Wunsch, heilig zu werden. Pater Titus wusste um seine Grenzen, er wusste um die Zerbrechlichkeit des Gottvertrauens, wenn die Härten und Brüche des Lebens die Hoffnung zu rauben und das Herz zu verhärten drohen. Diesen Gefahren nicht zu erliegen, den Blick auf Gott zu bewahren, weiterhin auf seine Sorge, Nähe und Gnade zu vertrauen, weiterhin eine liebevolle Aufmerksamkeit für den Nächsten zu behalten – darum bat er Gott immer wieder. Und sich dabei verbunden und unterstützt zu wissen von Menschen, die ihm bekannt oder sogar vertraut waren, war ihm Hilfe und Trost gerade auch in den schweren Monaten der Haft, genauso wie er die Fragen und Sorgen der Menschen mit ins Gebet nahm. Streben nach Heiligkeit – Pater Titus verstand es nicht als ein individualistisches, sondern als gemeinsames Bemühen, als solidarischer Vollzug des Glaubens und der Liebe.

Später schreibt Pater Titus aus der Haft an seine Schwester Johanna: »Es ist wahr: Die geistliche Kommunion ist eine große Gnade, Jesus schenkt sich immer mehr, tiefer, reicher, wir werden immer mehr in ihn umgewandelt. Aber strenge Dich nicht zu sehr an. Die hl. Schrift sagt über den Verkehr mit Jesus: Die Unterhaltung mit ihm hat nichts Bitteres, Unangenehmes. Vertrauen und Hingabe sind die Grundzüge allen Gebetes, und wie ein Kind Gottes müssen wir uns ihm hingeben ohne Angst und Sorge, jeden Herzschlag, jeder Atemzug ein Gebet, selbst das Ausruhen an Seinem Herzen ist vertrauensvolle Hingabe.«[137] Das Gebet als vertrauensvoller Dialog mit Gott war für ihn zeitlebens keine Pflichterfüllung, sondern Vollzug einer Freundschaft, ein vertrauter Raum, aus dem heraus er lebte und handelte und das seinem Streben nach Heiligkeit Richtung und inhaltliche Fülle gab.

Wirken zum Heil der anderen – Missionsprokurator

Ein Streben nach Heiligkeit ist kein egoistisches, selbstgenügsames Suchen, sondern es lässt den Wunsch wachsen, dass auch der Andere sein Heil, sein Glück findet. Im Leben von Pater Titus zeigte sich das etwa in seiner Tätigkeit als geistlicher Begleiter der Schwestern. Schwester Clementia Beckermann beschreibt sein Wirken so: »Seine Liebe, seine Sorge für uns kannte keine Grenzen, ganz besonders was den geistlichen Fortschritt angeht. Es war ihm da nichts zu viel, er wollte uns helfen, von Gott zu hören und so heilig zu werden, das war sein Hauptbestreben.«[138]

Und so darf man wohl auch das Engagement von Pater Titus als Missionsprokurator verstehen: Er unterstützte die Missionstätigkeit seiner Mitbrüder, weil diese anderen halfen, heilig zu werden. Die Tätigkeit als Missionsprokurator war für ihn Seelsorge, genauso wie das Beichthören oder der Gottesdienst, die Predigt oder das Amt des Spirituals. Heiligwerden – das hatte für Pater Titus nicht zuerst etwas mit dem Befolgen von Geboten zu tun. Er sah darin vielmehr die Erfüllung dessen, was Gott für den Menschen will. Die Mission ging diesem Ziel nach: Menschen zum Heil, zur Heiligkeit zu führen.

Im Jahre 1913 hatte die deutsche Dominikanerprovinz Teutonia ein Missionsgebiet in Fukien (China) übernommen. Es war zunächst Pionierarbeit zu leisten gewesen, die aber nach mühseligen Anfängen schon bald gute Fortschritte machte, besonders nach dem Ersten Weltkrieg. Neue Missionare konnten entsandt werden, entsprechende materielle Unterstützungen wurden notwendig. Der Provinzial hatte einen Missionsprokurator ernannt, der das Interesse für die Mission in der Heimat wachhalten und neue Freunde und Förderer gewinnen sollte. Vor allem aber hatte er die Aufgabe, die für die Mission gesammelten und eingegangenen Gelder nach China zu überweisen.

1925 wurde Pater Titus dieses verantwortungsvolle Amt übertragen, dem er mit großem inneren Engagement, mit Kompetenz und Sorgfalt nachging. Dabei waren die Umstände in der Mitte der zwanziger Jahre alles andere als einfach: Die Missionsstation war zerstört worden, die Patres in Fernost litten unter gewaltsamen Verfolgungen, ja sogar Entführungen kamen vor, und die finanzielle Situation war recht angespannt. So betrugen im Jahr 1929 die Verluste der Mission insgesamt 200.000 Reichsmark.[139] Alles in allem also eine bedrückende Situation, die deshalb nicht nur einen enormen Arbeitseinsatz verlangte, sondern auch eine optimistische Grundeinstellung der Verantwortlichen.

Die Sorge für die Mission und für die Missionare wurde für Pater Titus ein Herzensanliegen. Es war ihm wichtig, ihnen in ihrem Dienst Wertschätzung zu zeigen, genauso wie die nötigen materiellen Dinge zu organisieren. Die umfangreiche Korrespondenz, die zwischen Vechta und China hin und her ging, ist ein beredtes Zeugnis für die Einsatzbereitschaft einerseits und für die Zuversicht, mit der die Missionare sich an Pater Titus wenden konnten, andererseits. Sie spürten offensichtlich, dass er keine Mühe scheute, um ihre vielfältigen Wünsche zu erfüllen.

Die Unterstützung betraf zunächst die materielle Ausstattung der Missionsstationen. Vieles war in China Mangelware, sodass alles Mögliche – von Maschinenersatzteilen bis zu einfachen Nägeln – aus Deutschland organisiert wurde. Oft fragte Pater Titus von sich aus nach, ob er irgendwie helfen könne, ob er Stoffe für Habite oder andere Bekleidung schicken solle oder ob an den primitiven Einrichtungsgegenständen etwas überholt oder verbessert werden müsse. Wichtig war ihm auch eine würdige Ausgestaltung der Kirchen, die schon errichtet oder bereits geplant waren, aber auch um die Lebensmittel kümmerte er sich: um die Speisen auf gewohnte Weise zubereiten zu können, ließ er den Mitbrüdern Gewürze zukommen und für diejenigen, die entsprechenden Bedarf anmeldeten, auch Süßigkeiten oder Tabak. Er erkundigte sich nach ihren Literaturwünschen, schickte ihnen die Missionszeitschriften und Neuerscheinungen von Büchern und regte damit das Studium der Missionare an, so wie es der Regel des Dominikanerordens entspricht. Fürsorglich schrieb er etwa an den Vertreter des Provinzials: »Ihr Eintreten für die Zentral-Bibliothek ist sicher gut, nur darf man, gerade was Bücher anbetrifft, die Einzelnen nicht zu knapp halten. Die geistige Nahrung kommt ja vielfach auch aus den Büchern und wenn die Quelle nur langsam fließt oder versiecht, dann ist Gefahr der Stagnation. Vielfach muss man sogar die Patres dazu drängen, Bücher anzuschaffen, damit sie eben geistig regsam bleiben.«[140]

All das war natürlich nur mit entsprechenden finanziellen Mitteln zu leisten. Pater Titus erreichte offensichtlich in seinen Predigten, Briefen und Publikationen die Herzen der Menschen, er gewann Wohltäter und Freunde der Mission, die trotz der schwierigen wirtschaftlichen Verhältnisse in Deutschland am Ende der zwanziger Jahre in ihrer Spendenfreundlichkeit großzügig waren. Ihnen schickte er regelmäßig die von ihm wieder neu ins Leben gerufenen Missionsberichte und Missionskalender[141], in denen die Missionare Artikel veröffentlichten, so dass sich die Förderer ein lebendiges Bild von der Lage in China machen konnten.

Die materielle Ausstattung und Versorgung war das eine, das andere war die spirituelle und brüderliche Anteilnahme. Pater Titus war zutiefst davon überzeugt, dass die eigentliche und wirksamste Unterstützung spiritueller Art war. So bat er die vielen Wohltäterinnen und Wohltäter und die Schwestern und Brüder im Orden vor allem immer wieder um das Gebet für die Mission. Die innere Verbundenheit mit Christus, die Verwurzelung in ihm, stand für Pater Titus an erster Stelle. »(...) für die Gläubigen wäre zu zeigen, wie wahre und erste Missionshilfe in der Heiligkeit des Lebens besteht und nicht zuerst im Almosen-Spenden. (...) Die Kirche ist der mystische Leib Christi: vom Haupte, von Christus, flutet die Gnade durch alle Glieder dieses mystischen Leibes. Ist dieses Gnadenleben kräftig in uns, sind unsere Seelen wahre Tempel des Dreieinigen, dann können wir durch heiliges Leben, Beten und Opfern anderen dieses Gnadenleben erwirken, erflehen. Das ist die heiligste und erste, notwendige, auch in gewissem Maße alle verpflichtende Missionsarbeit, die eben alle Christen immer verrichten können und sollten, auch und gerade die Ärmsten, die keine Mittel haben. Je heiliger unser Leben, Beten und Opfern, umso mehr arbeiten wir an der Ausbreitung des Reiches Christi auf Erden. (...) – Ich liebe diese Gedanken sehr. Ich möchte, dass sie vielen bekannt würden. Uns sind sie ja geläufig, nur müssen vielleicht diese Gedanken noch mehr unser religiöses Leben durchdringen.«[142]

Eine solche Spiritualität entsprach dem eigenen Willen, heilig zu werden, das eigene Leben immer mehr nach dem

P. Titus mit Chinamissionaren im Juli 1933

Willen Christi umzugestalten. Er verstand das ganze Missionswerk nicht nur vom Organisatorischen her, sondern als ein Projekt, das in Gott wurzelt, von ihm Inhalt und Kraft bekommen und zum Aufbau des Leibes Christi beitragen sollte. Auch das zeigt, wie wenig das persönliche Streben nach Heiligkeit für Pater Titus Züge eines egozentrischen Heilsindividualismus trägt. Das Bemühen des Einzelnen ist immer auf das Ganze ausgerichtet: auf die Seelsorge für die Menschen, auf die überzeugende Predigt, auf den Aufbau des mystischen Leibes Christi. Pater Titus verstand sein eigenes Bemühen und das der anderen selbstverständlich eingebunden in den großen Heilsplan Gottes, und es schien für ihn keinerlei Zweifel zu bestehen, dass jeder Mensch dabei Gutes wirken kann und soll.

Neben der spirituellen Zuwendung war natürlich auch der brüderliche Kontakt wichtig, den Pater Titus vor allem in seinen Briefen pflegte. Er wollte die Missionare teilnehmen lassen an dem, was in Deutschland, was in den heimatlichen Konventen geschah. Und so berichtete er von Versetzungen und Entscheidungen, von größeren Entwicklungen in der Ordensprovinz und von den einzelnen Mitbrüdern: »Wie Sie wissen, haben wir drei neue Niederlassungen in Aussicht, d.h. Leipzig-Wahren ist schon ganz fest, ebenso Augsburg. In der Stadt erhalten wir eine prachtvolle Barock-Kirche und draußen eine Pfarrei mit Kloster. In München besteht die Aussicht auf eine Pfarrei. Es ist schade, dass wir überall Pfarreien übernehmen, aber heutzutage geht es kaum anders. So haben wir viel Arbeit und gute Aussichten.«[143]

Wenn man die Fülle der Briefe in die Mission liest, fällt wieder die freundliche und hoffnungsvolle Haltung auf: Mit keinem Wort spricht er negativ über andere Mitbrüder, mit keinem Wort beteiligt er sich an Auseinandersetzungen oder übt destruktiv Kritik an getroffenen Entscheidungen. Vielmehr ermutigt er immer wieder zum Dienst in der Mission: »Lieber Pater Hilarius, verlieren Sie doch nur nicht den Mut.

Meistens ist es so, dass im Anfang wo wir irgendwo sind, es uns schwer und fast unmöglich scheint; mit der Zeit wird es dann immer besser und schließlich kommt es dann so weit, dass es uns schwer wird, die anfangs so schwer erschienene Arbeit zu lassen. So wird es auch bei Ihnen sein. Halten Sie nur aus, benutzen Sie jeden Augenblick zum Gebet und zur Arbeit, dann werden schon die Früchte erscheinen.«[144]

Bei alledem verstand Pater Titus die Tätigkeit der Dominikaner als einen Dienst, der die Selbständigkeit anderer fördert. So schrieb er: »Die Hauptsache ist, dass China einheimische Priester bekommt und die Heiden von ihren eigenen Landsleuten bekehrt werden. Wenn Sie dann alles schön eingerichtet haben, ziehen Sie weiter zu einem anderen Arbeitsfeld und überlassen in Shanghang alles den einheimischen Priestern. Wir wollen optimistisch in die Zukunft schauen und Gott für alles danken, wie er es bis jetzt so gnadenhaft geführt hat. Alles ist gut, wie es gewesen ist, und noch besser das, was die Zukunft bringen wird. Wir wollen auch von den anderen (d. i. den Einheimischen) lernen.«[145]

Pater Titus als ein Mann des Gebetes

Bevor von den letzten Monaten im Leben von Pater Titus berichtet werden soll, von seiner Verhaftung, der Zeit im Gefängnis, von seinem Tod und der Beisetzung in Vechta, kann in diesem Kapitel innegehalten werden, um die geistliche Persönlichkeit, die geistliche Tiefe von Pater Titus noch einmal genauer in den Blick zu nehmen und gewissermaßen zu fokussieren. Das Streben nach Heiligkeit als ein Grundmotiv seines Lebens wurde schon näher bedacht, hier nun soll sein Gebet Thema sein. Wenn man so will, bündelt seine Gebetspraxis die bisherigen Lebensstationen und öffnet den Blick auf die Zeit der Prüfung, als die Pater Titus die Monate im Gefängnis zweifellos erleben und erleiden musste. Das Thema Gebet ist so etwas wie der Knotenpunkt, der sein Denken und Handeln verständlich werden lässt und zugleich einen Zugang eröffnet für die Menschen, die ihn nicht mehr persönlich gekannt haben, die aber ein eigenes Gebetsleben pflegen – vielleicht ebenfalls als Dreh- und Angelpunkt ihrer persönlichen Lebensgestaltung.

Pater Titus war nicht nur ein Mann, der betet, sondern ein Mann des Gebetes. So hat er sich wohl selber verstanden, so haben ihn die vielen Menschen erleben können, die mit ihm intensiveren Kontakt pflegten oder ihn auch nur von kurzen Begegnungen her kannten. Das stille Verweilen in der Kapelle, das regelmäßige Gebet der Konventsgemeinschaft, der Rosenkranz unterwegs, die Feier der Heiligen Messe – all das ordnete sein Leben. Für ihn war es nicht nur Pflicht

Das St. Joseph-Kolleg am Rand des Füchteler Waldes 1932

(das war es auch, schließlich war er Ordenspriester mit entsprechenden Verpflichtungen), sondern es war ein immer tieferes Hineinfinden in den Willen Gottes. Dabei nahm er all die Fragen, die zur Entscheidung anstanden, die unterschiedlichen Herausforderungen in Verlag, Klostergemeinschaft oder Mission, schließlich die Erfahrungen der Haft und der Anklage, bewusst mit in sein Gebet, brachte alles vor Gott und versuchte, von ihm her die Dinge zu verstehen und zu entwickeln. »Vertraute man ihm eine Schwierigkeit an, so war sein erstes Wort immer zunächst: ›Wir wollen erst darüber beten‹. Man ließ die Sache dann ruhen und Pater Titus kam zu seiner Zeit von selbst darauf zurück« – so das Erleben von Schwester Benvenuta Fischermann.[146]

Er war ein Mann des Gebetes – und gerade deshalb kein Mensch, der sich vom Leben mit seinen Herausforderungen abwandte. Im Gegenteil: In Pater Titus sehen wir einen Predigerbruder, der sich vielen Aufgaben und Verantwortlichkeiten stellte, der mit unzähligen Menschen in Kontakt stand, der sich um die materiellen Bedürfnisse von Klostergemeinschaft und Schule genauso wie um Bauvorhaben und Bankgeschäfte kümmern musste. Er stand, wie man so sagt, als Dominikaner mitten im Leben. Sicher trug er im Gebet all seine Fragen und Erlebnisse Gott vor, er betete für die Menschen, denen er sich verantwortlich und verbunden wusste, und er bat sehr darum, auch von anderen betend begleitet zu werden.

Mehr noch aber war er in dem Sinne ein Mann des Gebetes, dass er von Gott her lebte, dass er Gott in seinem Inneren Raum gab, dass Gott sein Inneres, sein Herz, ausfüllte, und von dort sein Leben formte. Pater Titus war ein Mensch, der sich auf Gott hin öffnete, ihm alles brachte, was ihn oder andere bewegte. Er kam von Gott her und neigte sich dem Leben, den Menschen zu. Er war ein Mann des Gebetes, weil er in seinem Leben die Menschen Anteil nehmen ließ am Heilswillen Gottes. Er wurde gleichsam durchsichtig für Gottes Liebe, wenn er andere fragte: »Was kann ich für sie tun?« oder ihnen zusicherte: »Wir bleiben uns im Gebet nahe!«

Gebet ist in erster Linie eine Haltung, die sich im Laufe eines Lebens ausbildet. Es ist die Haltung des Vertrauens und der Liebe, mit der sich ein Mensch der Wirklichkeit des Lebens stellt. Das Gebet verändert nicht die Wirklichkeit, doch der betende Mensch begegnet ihr anders. Er kommt von Gott her und sieht so die Menschen, die Herausforderungen des Lebens, die wunderschöne, aber arg geschundene Schöpfung. Pater Titus schrieb an seine Schwester Johanna: »Strenge dich nicht zu sehr an im Gebet. Gewiss, wir haben unsere Pflichtgebete, aber daneben viel kindliches

Aufschauen zum lieben Gott, Ausruhen bei ihm, Sprechen vom Herzen, direkt, in allem den lieben Gott sehen: in den Mitmenschen, im Sonnenstrahl, in den Blumen, in den täglichen Speisen, wie er uns liebt, an uns denkt, für uns sorgt. Wenn er nun für den Körper so gut sorgt, wie wird er erst für unsere Seele sorgen, Hl. Eucharistie, Einsprechungen, sein Wohnen in uns als Tempel der allerheiligsten Dreifaltigkeit. (...) und von neuem werfe ich mich rückhaltlos in die Arme Gottes!«[147]

»Unser Beten muss mit unserem Leben übereinstimmen, wie wir beten im Vater Unser: vergib uns unsere Schuld wie auch wir (in unserem täglichen Leben) vergeben unsern Schuldigern. Beten und Leben muss eins sein, kein Gegensatz, Gott, die Gnade, muss beides durchdringen. Das Beten ist ein Wandel vor Gott unserer Erkenntnis, unserer Vernunft nach. Das Leben ist ein Wandel vor Gott unserem Willen nach (...)«[148] Pater Titus fühlte sich in der Gegenwart Gottes verwurzelt, in die er sich immer wieder bewusst sammelte.

Eine solche Haltung zu erlangen braucht Übung, braucht Regelmäßigkeit und auch Disziplin. Pater Titus betete regelmäßig den Rosenkranz, er meditierte darin die Grunddaten der Menschwerdung Gottes und unserer Erlösung, gleichsam als Raum des Lebens. Er legte Wert auf die Präsenz beim gemeinsamen Stundengebet, legte dafür mehrmals am Tag die Strecke zwischen dem Verlagsgebäude in der Stadt und dem Füchteler Konvent zurück, um bei allen Aufgaben, die ihn beschäftigten, doch immer wieder die Psalmen zu beten, in den Lesungen das Wort Gottes zu hören, eine betende Gemeinschaft zu erleben. Gerade in den Monaten der Gefangenschaft erfährt Pater Titus die Eucharistiefeier als existentiell notwendig, als Moment der sehr persönlichen Gastfreundschaft zwischen Christus und ihm.

Er hat zeit seines Lebens in diese Haltung hineingefunden, er hat sich formen lassen in der regelmäßigen, treu geübten Gebetspraxis, in der Nächstenliebe, in der Seelsorge. Das alles war für Pater Titus eine fortdauernde Einübung, wozu auch die Bitte um Vergebung angesichts der eigenen Schwäche gehörte. Es war für ihn ein Sammeln wohl auch im Sinne von ›Einsammeln‹: die vielen Begegnungen, Aufgaben, Vorhaben und Anforderungen führte er im Gebet zusammen. Hier machte er sich mit alledem immer neu fest in Gott, hier ergab alles ein Ganzes, von hier aus, von Gott, ging er dann erneut ans Werk.

Der Theologe Karl Rahner weiß um die Anstrengung einer solchen Praxis, er weiß um die Disziplin, die es braucht, angesichts der Hektik, der Anfragen und Zweifel in unserer Zeit, wenn er über das regelmäßige Gebet schreibt: »Wenn wir trotzdem beten können, wenn wir es trotzdem gern tun und das Gebet in unserem Leben vielleicht als eine Selbstverständlichkeit betrachten, wenn wir vielleicht doch immer und überall bei Gott sind, vor seinen Augen wandeln, in einer letzten Selbstverständlichkeit ihn anreden, nicht das Gefühl haben, das Schweigen Gottes verschlucke unsere Worte, wenn wir das Empfinden haben, in Gott, in seiner real uns umfassenden Liebe geborgen zu sein – kurz, wenn wir trotzdem Menschen des Gebetes sind, dann müssen wir gerade angesichts dieser radikalen Bedrohtheit des ausdrücklich Religiösen in uns sagen, dass das, was wir leben, nicht selbstverständlich, sondern Gottes Gnade ist, die wir pflegen, bewahren und entfalten müssen.«[149]

Pater Titus war ein Mann des Gebetes, weil die regelmäßige Zwiesprache mit Gott sein ganzes Leben durchformte.

Deshalb war er vorbereitet für die vielen schweren Momente, für die vielen Anfragen und auf die Zeit im Gefängnis, die eine große Prüfung für ihn wurde. Von diesen letzten Monaten seines Lebens erzählen die folgenden Kapitel.

Devisenprozesse

Pater Titus blieb trotz der vielen Tätigkeiten ein stiller und zurückhaltender Mensch, im Umgang mit anderen ebenso wie hinsichtlich der Teilnahme am gesellschaftlich-politischen Geschehen. Wir finden bei ihm so gut wie keine Äußerung, die das politische Leben im Deutschen Reich kommentierend zur Kenntnis nimmt, obwohl sich doch in den Jahren seines Lebens vieles ereignete: Kaiserreich und Erster Weltkrieg, Weimarer Republik, Weltwirtschaftskrise und schließlich die unselige Machtergreifung der Nationalsozialisten – all das hat Pater Titus bewusst miterlebt. Bezeichnend sind für ihn aber Sätze wie diese: »Sonst ist die Not hier im Vaterlande sehr groß, sechs Millionen Arbeitslose. Wenn Sie dazu die Familien stellen, haben Sie ungefähr zwanzig Millionen, die von Staats wegen erhalten werden. Da können Sie denken, was das eine Last ist (...). Die Arbeitslosigkeit hat auch schwere moralische Defekte zur Folge, Müßiggang... ist aller Laster Anfang. Beten Sie! Wir müssen uns durchhelfen. Dabei kommen auch wieder Landtagswahlen und die Reichspräsidenten-Wahl, so dass die Gemüter reichlich in Bewegung gehalten werden. Was soll das geben? Gut, dass der liebe Gott über allem steht.«[150]

In den Herausforderungen seiner Zeit waren zuerst die Not der anderen und die Fürsorge Gottes die Themen des Pater Titus. Und so erstaunt es nicht, als einzige uns erhaltene Reaktion auf die Machtergreifung Hitlers 1933 von Pater Titus zu lesen: »In unserem Vaterlande sind ganz neue Verhältnisse. Hitler ist der Mann des Tages. Hoffentlich kann er die Menge befriedigen und den Millionen Arbeit und Brot geben.«[151] Genau wie der Prokuratorendienst Mittel zum Zweck war, so muss auch die Regierung eines Staates das Mittel sein, um den Zweck – das Wohl der Menschen – zu erfüllen. Ansonsten erwähnt Pater Titus die Politik nicht,[152] obwohl doch gerade in diesen Jahren polarisierendes, ideologisches Gedankengut eine Rolle spielte: die vermeintliche Bedrohung durch den Kommunismus, die ›Schande von Versailles‹, das gebrochene Selbstverständnis der Deutschen nach dem Ersten Weltkrieg. Von alledem aber findet sich in den überlieferten Äußerungen von Pater Titus nichts.

Dem heutigen Betrachter mag das nicht genügen. Vielleicht erwartet er – zumal von Menschen, die im Rufe der Heiligkeit stehen – für die damalige Zeit den mutigen Widerstandskämpfer, den heroischen Prediger, der sich der Nazi-Ideologie entgegenstellt und mit klarem Wort christliche Kritik formuliert und die Achtung der Menschenwürde einklagt. So war Pater Titus aber nicht. Ihm lag nicht das Aufbegehren und nicht das laute Wort. Seine Haltung muss vielmehr erschlossen werden aus dem, was er tat und – vielleicht noch mehr – aus dem, was er gerade nicht sagte: In den Briefen an die Missionare, in denen sonst so überaus genau von den Veränderungen in Deutschland und in der Ordensprovinz berichtet wird, liest man nichts über die ›Bewegung‹, die doch nun laut dröhnend daherkam und Deutschland verändern sollte. Er stimmte nicht ein in die kraftstrotzenden Worte der Zeit, er sprach mit keiner Silbe abfällig über Juden, Sozialdemokraten oder Pazifisten, er äußerte sich über Fremde oder politisch Andersdenkende ohne jede Polemik – und steht damit in bemerkenswertem Kontrast zu den Gewohnheiten seiner Zeit. Auch die patriotischen

Töne, das stolze Einstimmen in ein neues, deutsch-nationales Selbstbewusstsein, finden sich nicht in seinen Briefen, ganz anders als der Grundton z.B. der Schülerchronik, die vom Geschehen am Kolleg auf eine Weise berichtet, welche die völkisch-nationale Gesinnung der Kollegianer (und wohl auch des Konventes) sprachlich widerspiegelt: in hohem Pathos und in stolzen, auch militaristischen Bildern.[153]

Pater Titus sah die Not der Menschen und hoffte Gutes für sie – so einfach. Politik spielte sonst keine Rolle, für ihn war der einzige Maßstab die Verbundenheit des Menschen mit Gott. So, wie er es später in einem Brief aus dem Gefängnis an die Schüler des Kollegs zum Ausdruck bringen sollte und was vor dem Hintergrund der Nazipropaganda auch subversiv-eindringlich verstanden werden kann: »Man spricht von der heutigen Zeit als einer ›großen‹ Zeit. Nun gut, eine große Zeit verlangt große Seelen, große Menschen. Die Größe eines Menschen bemisst sich nach der Tiefe, in der er in Gott gegründet ist. Tiefe Gedanken! Lasst sie Euch durch die Seele gehen und lasst sie dort festen Grund fassen je nach dem Vermögen des Einzelnen.«[154]

Ist das wenig? Ist das zu wenig? Angesichts der unzähligen Opfer, welche die Nazi-Diktatur in ganz Europa gefordert hat, angesichts der beispiellosen Unmenschlichkeit und Grausamkeit, die dieses Regime kennzeichnete, muss wohl immer ein beschämendes ›zu wenig‹ eingeräumt werden. Widerstand, Zivilcourage, Mut, Solidarität – all das fehlte in dem Maße, wie das Böse, der abgrundtiefe Hass und die Menschenverachtung Raum gewinnen konnten. Aber es gab, ohne das gerade Gesagte relativieren zu wollen, eben auch die vielen kleinen und großen Zeichen und Taten, die das Böse zu durchbrechen versuchten. Diese Zeichen und Taten sind wahrzunehmen, zumal von denen, die selber nie in einer vergleichbaren Situation standen. Es ist sehr viel, wenn ein Mensch die Kraft bewahrt, inmitten von schreienden Hassparolen liebenswürdig zu bleiben. Es ist viel, wenn er trotz allgegenwärtiger Überheblichkeit und Verachtung nicht müde wird, den Weg zum anderen, zum Schwächeren zu suchen und zu gehen, dabei demütig bleibt und sich der eigenen Unzulänglichkeit bewusst ist. Es ist viel, wenn ein Mensch selbst in der bedrückenden Erfahrungen von Verfolgung und ungerechtem Ehrverlust, denen er hilflos gegenübersteht, ein Zeugnis von seiner Gottesgewissheit geben kann, das andere beeindruckt und der Allmachtphantasie der Nationalsozialisten das Vertrauen in die Allmacht Gottes entgegenstellt.

Für Christen gilt es immer wieder – damals wie heute – die Wehrlosigkeit des Kreuzes zu leben und sie einer bedrückenden Übermacht des Unrechts entgegenzuhalten. Diese Übermacht wurde schon bald nach der Machtergreifung Hitlers für die Kirche konkret, insbesondere für die Ordenschristen. Die Ordensgemeinschaften wurden von den Nationalsozialisten als »Lebensnerv«, als »Elitetruppe«[155] der Kirche gesehen, die es auszuschalten galt. Man verstand sie als institutionalisierten Angriff auf die nationalsozialistische Idee. So heißt es im sogenannten ›Führerblatt‹ der Hitlerjugend unmissverständlich: »Die Ordensgesellschaften, in welchen wir nur eine Verneinung des Lebens sehen und die eine große Gefahr für die Moral des deutschen Volkes sind, müssen verschwinden.«[156]

Die ganz eigene, der nationalsozialistischen Ideologie widersprechende Lebensgestaltung der Ordenschristen rief bei den Nazis regelrechten Hass hervor. So galt das zölibatäre Leben, das der Ideologie von Blut, Sippe und Fortpflanzung diametral entgegenstand, als undeutsch und schädlich.[157] Ordensgemeinschaften, die weltweit tätig waren und so internationale Verbindungen pflegten, wurden von den Nazis mit dem ›Weltjudentum‹ und dem ›internationalen Kommunismus‹ in Verbindung gebracht und so in den Zusammenhang zweier Feindbilder gestellt, die in der Propaganda der Zeit allgegenwärtig waren und dort auf übelste Weise für Ausgrenzung und Verfolgung instrumentalisiert wurden.[158] Die Internationalität, die letztlich den deutsch-nationalen Führerkult unterlief, manifestierte sich in der Verbundenheit der Kirche mit dem Papst in Rom.[159] Das Gehorsamsprinzip in den Gemeinschaften und die finanzielle Unabhängigkeit ermöglichten den Orden seelsorgliche Tätigkeiten, die in Predigt und Erziehung dem Alleinstellungsanspruch der Partei auf allumfassende Einflussnahme und Bildung des Volkes widersprachen. Die Nationalsozialisten sahen im Ordenswesen eine eigene, selbständige Welt, die mit der Ideologie der Volksgemeinschaft, in der alle Lebensbereiche durchdrungen und vereinheitlicht wurden, nicht zu vereinbaren war. Die Orden bildeten eine Alternative, eine nicht zu kontrollierende Sonderwelt – und diese galt es zu zerschlagen.[160]

Diese Gefahr wollte oder konnte man in weiten Kreisen der Kirche – auf der Ebene der leitenden Ämter und noch weniger auf der Ebene der Gemeinden – zunächst nicht wahrnehmen. Vielmehr wich in der katholischen Kirche, nachdem sie bis 1933 in scharfer Opposition zum Nationalsozialismus gestanden hatte, mit der Machtergreifung Hitlers die anfängliche Skepsis. Die Regierungserklärung Hitlers, die bischöfliche Aufhebung des Verbotes, als Katholik in die Partei einzutreten, und nicht zuletzt das Reichskonkordat vom 20. Juli 1933 sorgten dafür, dass katholische

Kreise in die neue Regierung Vertrauen fassten[161] und sich dort zumindest in ihrem Patriotismus und deutsch-nationalen Selbstbewusstsein angesprochen fühlten.

Diese Klimaveränderung zeigte sich in katholischen Familien, in den Gemeinden, in den verschiedenen Ordensgemeinschaften – und auch an der Ordensschule in Vechta, wo man einen Weg zwischen patriotischer Begeisterung, katholischem Selbstbewusstsein, Sorge um die eigene Schule und kritischer Distanz zum Regime zu gehen versuchte.

Die gesamte Schülerschaft trat schon 1933 als eigene und damit auch zukünftig recht selbständig organisierte Gruppe der HJ bei, wodurch man zum einen einer patriotischen Gesinnung der Schüler entgegenkommen wollte, sich vor allem aber wohl eine Sicherung der Schule erhoffte.[162] Als Staatsminister Dr. Pauly am 16. Oktober 1933 die Schule in Füchtel besuchte, wurde er durch den zufällig in Vechta anwesenden Pater Provinzial Laurentius Siemer begrüßt, der bei der gemeinsamen Kaffeetafel (also nicht bei einer Schulversammlung oder gar öffentlichen Kundgebung) doch ein fragwürdiges Wort des Willkommens sprach, welches die ganze Zerrissenheit zwischen der nationalen Stimmung der damaligen Zeit einerseits und den katholischen Vorbehalten andererseits zeigt. Die Zeitung zitiert Pater Laurentius wie folgt: »(Pater Laurentius sagte) nationalsozialistische und katholische Ideen träfen sich mehr, als man gewöhnlich annähme. Der bedeutendste Lehrer der katholischen Kirche, der Dominikaner Thomas von Aquin, betone die Pflicht der Vaterlandsliebe als sittliche Tugend. (…) Die Schule wolle die Jungen zu ganzen Katholiken und zu ganzen Deutschen erziehen, zu Deutschen, die nicht nur vom Blut, sondern auch von ihrer Religion her ihrem Vaterlande alles zu geben bereit seien.«[163]

Bei aller patriotischen Begeisterung sind doch die Ressentiments und die Vorsicht zu spüren gegenüber einem Regime, das die gesamten Lebensbereiche zu bestimmen begann. Ein Lehrer des Kollegs, Dr. Fritz Möring, der dem Nationalsozialismus sehr nahe stand, denunzierte dann auch 1934 in einem Brief an den SA-Sturmbannführer die mangelnde nationale Haltung der Patres und der Schüler, die er v. a. dem neuen Schulrektor Pater Placidus Wehbrink anlastete.[164] Die Reaktionen von Seiten der Behörden auf diesen Vorfall zeigen, wie sehr die Dominikaner unter Druck standen, um Fortbestand und Identität ihrer katholischen Ordensschule zu sichern. Dem Provinzial Pater Laurentius gelang es dabei nur mit Mühe, Schaden abzuwenden.[165]

Bei alledem waren die Verantwortlichen der Ordensprovinz und des Kollegs die Hauptakteure. Pater Titus trug zwar keine direkte Verantwortung, war er doch seit 1933 nicht mehr Prior oder in der Schule tätig. Dennoch wird er an der Stimmung dieser Jahre, an der nationalen Begeisterung und den Ressentiments, an der Sorge um die Schule und der Vorsicht gegenüber dem Regime Anteil genommen haben[166], doch spiegelt sich davon nichts in seinen Briefen. Er ließ sich offensichtlich nicht in eine völkisch-patriotische Hochstimmung hineinziehen, genauso wenig wie in eine fatalistische Haltung, die sich ängstlich verschließt. Pater Titus ging in dieser unruhigen, die Schul- und Konventsgemeinschaft fast zerreißenden Zeit weiterhin gelassen und pflichtbewusst seiner Arbeit nach: als Missionsprokurator, als Verlagsleiter, als Seelsorger. Er blieb der Mann des Gebetes, der, so darf man wohl annehmen, die Sorgen anderer betend begleitete und konkrete Hilfe zu geben versuchte.

So setzte er sich etwa dafür ein, dass Herr Kraemer im

Albertus-Verlag eine neue Stelle bekommen konnte, nachdem dieser wegen Sympathien für den katholisch-pazifistischen ›Friedensbund‹ auf Drängen der schon 1932 nationalsozialistisch verantworteten Oldenburgischen Schulbehörde als Lehrer am Kolleg nicht mehr zugelassen war. An Pater Laurentius schrieb Pater Titus: »Es freut mich, dass Sie Herrn Kraemer helfen wollen. Es wird uns auch Gottes Segen bringen, wenn wir die Familie unterstützen. Beschäftigen wir Herrn Kraemer für den Verlag, dann kann er ja die Redakteure der Zeitschriften bedeutend entlasten.«[167]

Auch von der Gefängnishaft, zu der Pater Franziskus Stratmann wegen seiner Engagements für den ›Friedensbund‹ bereits 1933 verurteilt worden war, wusste Pater Titus: »Pater Franziskus Stratmann ist wieder frei, ist einstweilen im Kölner Kloster in Haft unter Aufsicht von Pater Provinzial. Er darf die heilige Messe lesen, predigen usw. nur darf er das Kloster nicht verlassen.«[168] Pater Titus sah, genauso wie andere Mitbrüder in der Provinz, schon zu Beginn der Diktatur, wie Menschen verfolgt wurden, und er sah welche konkreten Folgen der Protest nach sich zog und wie schwer Menschen daran zu tragen hatten.

Gerade in seiner Funktion als Missionsprokurator galt es dabei ganz eigene Schwierigkeiten zu meistern. Die Regierung hatte im Gesetz von 1933 die Bestimmungen für das Devisenwesen deutlich verschärft und so unübersichtlich organisiert, dass der korrekte Umgang mit den Finanzen kaum mehr möglich war. Die Überweisung von Missionsgeldern, die Pater Titus sammelte und den Missionaren zukommen lassen wollte, wurde somit sehr leicht zum Rechtsbruch. Aber die Mission brauchte weiterhin Unterstützung, sodass Pater Titus gleich doppelt unter Druck stand: Auf der einen

Seite sah er die Notwendigkeiten der Missionare, auf der anderen Seite galten die Vorschriften der Regierung, deren Missachtung nicht nur ihn in Gefahr bringen würde, sondern die Dominikaner in Deutschland, insbesondere die Niederlassung in Vechta. Dass die ihm eigene Gewissenhaftigkeit und die von seinem Vater, dem Reichsgerichtsrat, gelernte unbedingte Einhaltung der staatlichen Vorschriften ihn in eine zusätzliche Seelennot brachten, ist anzunehmen.

Dennoch hat er auf seinem Posten ausgehalten. Im Gehorsam hatte man ihn dorthin gestellt, er fühlte sich der Mission verpflichtet, er arbeitete auch unter den neuen Verhältnissen unermüdlich weiter – und ging so angesichts der kritischen Bedingungen keinen leichten Weg, sondern musste trotz ständiger Anspannung klug und besonnen agieren. Davon ließ er sich nicht abbringen, vielmehr gehörten seine Liebe und Arbeitskraft weiterhin der Mission und dem Verlag, wobei ihm das Vertrauen auf Gottes gute Führung und Hilfe Kraft gab.

Eben diese Verantwortung für die Mission wurde schließlich zum Angriffspunkt der Nazis bei ihrem ersten schweren Schlag gegen die katholische Kirche, insbesondere gegen die Ordensgemeinschaften: Die so genannten Devisenprozesse begannen 1935 und ließen für die Zukunft Schlimmes ahnen. Spätestens sie führten allen vor Augen, welche Ziele das Regime verfolgte. Der Name des Gesetzes zeigt die Sicht des Staates auf das Devisenwesen: »Gesetz gegen den Verrat der deutschen Volkswirtschaft«[169]. Die Überweisung von Geldbeträgen ins Ausland, welche für die Missionsstationen zahlreicher Orden eine Überlebensfrage darstellte, wurde als Volks- und Landesverrat diffamiert und bei unkorrekter Handhabung mit Zuchthaus und Geldstrafen bedroht.[170] Für kirchliche Vorgänge schuf man sogar eine zentrale Sonderbehörde, die »Reichsstelle für Devisenbewirtschaftung«, bei der finanzielle Vorhaben angemeldet und gestattet werden mussten.[171]

1935 nun kam es zu intensiven Untersuchungen, um Devisenvergehen zu ahnden. Die Staatsanwaltschaft wurde bei mehreren Ordensgemeinschaften fündig und konnte tatsächlich unkorrekte Devisenpraktiken nachweisen, die zur Anzeige gebracht wurden.[172] Auffällig dabei ist, dass der Motor dieser Aktionen nicht das Finanzministerium, sondern der Reichs-Sicherheitsdienst unter der Leitung von Reinhard Heydrich war. Offensichtlich boten angebliche oder tatsächliche Devisenvergehen einen gesuchten Anlass für eine Kampagne gegen die Orden,[173] bei der die eigentliche Strafverfolgung nur einen Aspekt darstellt. Tatsächlich vorliegende Unkorrektheiten wurden über die Maßen streng geahndet, doch das vor allem verfolgte Ziel der Devisenprozesse war ganz offensichtlich die Diffamierung der Ordensleute in der (katholischen) Bevölkerung und damit eine Schwächung der Kirche insgesamt.

Die Presse bediente dabei in propagandistischer Aufmachung verschiedene Themen: Die Auslandskontakte galten als ›undeutsch‹, der angebliche Reichtum der Ordensleute sollte den Neid der Bevölkerung wecken und gleichzeitig die Ordensleute in den Ruf der Heuchelei bringen, denn schließlich versprachen diese ja das Gelübde der Armut und waren auf Spenden angewiesen.[174] Große Leitartikel in den Zeitungen kündigten die Devisenprozesse an, wobei dabei gezielt der Eindruck erweckt werden sollte, dass die Devisenschieberei ein in der Kirche allgemein übliches Phänomen sei. Die Hitlerjugend sang entsprechende Spottlieder und Plakataktionen verstärkte in der Bevölkerung eine antiklerikale Stimmung.[175]

Diesem Klima verleumderischer Propaganda waren auch die Dominikanerinnen und Dominikaner in Vechta ausgesetzt. Die Chronik der Schwestern etwa berichtet von einer Plakataktion,[176] die im August 1935, also während der Zeit der Inhaftierung von Pater Titus, in Vechta stattfand: »In der Nacht hat man uns unser Haus mit Plakaten verklebt. Gegen die Dunkelmänner[177]. Schwester Coelestine wollte es herunterreißen, es ging aber nicht, darum schickte unsere Mutter Priorin unsere Lisbeth, es abzuwaschen. Vor unserem Haus standen mehrere Leute, teilweise sagten sie, Fräulein, sie kommen ins Zuchthaus, andere, waschen sie es ruhig ab und zeigten auch sonst ihren Unwillen darüber.«[178] Einige Zeit später heißt es: »Drei Plakate waren heute an unserem Haus angeklebt. An den Haustüren zu jeder Seite war ein großer roter Zettel ›Deutsches Volk! Horch auf‹ und an der Mauer von unserem Gärtchen war ein weißer Zettel von den Dunkelmännern. Wir sind aber nicht allein. Auch beim Herrn Offizial und Antonius-Konvikt und sonst noch Häusern und Zäunen wurden solche Zettel angeklebt. (...) Heute Nachmittag kam die Polizei und verlangte die Namen von Mutter Priorin und Schwester Coelestine Marol. Der Beamte sagte, das Abwaschen der Plakate kostet drei Monate.«[179]

Die Hetzkampagne war ganz offenkundig von Seiten des Staates gewollt und gelenkt. So notiert die Chronik der Schwestern unter dem 16. August 1935: »In der Zeitung stand auch verschärfte Maßnahmen gegen Plakatabreißer, sollen sofort ins Konzentrationslager. Herr Vikar Morthorst ist gestern wegen Plakatabreißens verhaftet worden. Man hat schon über zwei Jahre auf ihn gewartet, jetzt hat man ihn.«[180]

Der Devisenprozess gegen Pater Titus Horten, Pater Laurentius Siemer und Pater Thomas Stuhlweißenburg ist in den Zusammenhang dieser Verunglimpfungen einzuordnen und gehört zu einer Reihe anderer Prozesse, die die Kirche öffentlich diffamieren und einen Keil zwischen katholischer Bevölkerung und offiziellen Kirchenvertretern treiben sollten. Dieses gelang nicht, genauso wenig wie es durch die im Jahre 1936 folgenden Sittlichkeitsprozesse möglich war. Im Gegenteil: Diese offensichtlich propagandistischen Maßnahmen führten eher dazu, die Kirchengemeinschaft zusammenzuführen und in ihrem Selbstbewusstsein zu stärken, was sich unter anderem im Herbst 1936 beim so genannten ›Kreuzkampf‹ zeigte, in dessen Folge sich das Regime den Forderungen der südoldenburgischen Bevölkerung beugen musste.[181]

All dies bildete den gesellschaftlichen Kontext, in dem die Dominikaner in Vechta wirkten und sich bemühten, Konvikt, Verlag und Konvent weiterzuführen. Man arrangierte sich, man hielt aus, man widersetzte sich und verteidigte den eigenen, immer kleiner werdenden Freiraum so gut es ging. Bis 1940 konnte die Ordensschule aufrecht gehalten werden, dann kam es schließlich doch zu Schließung und Zwangsvermietung der Gebäude in Füchtel und zur Auflösung des Konventes: Die Dominikaner mussten Vechta verlassen.

Pater Laurentius Siemer, der Provinzial der Ordensprovinz Teutonia, war zwar bei den Devisenprozessen 1936 freigesprochen worden, doch galt er den Machthabern auch weiterhin als Staatsfeind, was bei den Verfolgungen, die nach dem Attentat vom 20. Juli 1944 auf Adolf Hitler stattfanden, ganz deutlich wurde. Pater Laurentius gelang dabei Dank der mutigen Hilfe einiger Familien die Flucht und das Überleben im Untergrund.

Verhaftung und Anklage

Nach diesem kurzen Vorgriff nun zurück ins Frühjahr 1935, in dem der Staat zu einem Schlag gegen die katholischen Orden ausholte. Im Zuge einer groß angelegten Aktion fand am 14. März 1935 im Provinzialat der deutschen Dominikaner zu Köln durch Beamte der Zollfahndungsstelle eine Hausdurchsuchung statt, an der sich – und das offenbart die politisch-propagandistische Absicht – auch Gestapo-Beamte beteiligten.[182] Dafür lagen eigentlich keine konkreten Verdachtsmomente vor, vielmehr erhoffte man sich, bei dieser Aktion belastendes Material zu finden, das sich gegen die Kirche allgemein und gegen die Dominikaner im Besonderen verwenden ließe.[183]

Pater Titus erhielt erst am Abend des 15. März Kenntnis von dieser Aktion und ahnte wohl, dass über kurz oder lang auch die Vechtaer Missionsprokur auf eine solche Durchsuchung gefasst sein musste, schließlich war sie für alle finanziellen Angelegenheiten im Ausland verantwortlich. Er hörte davon – und handelte mit Hilfe der Schwestern entsprechend. Fast kurios wirkt deren Bericht: »(Pater Titus sagte), das Provinzialat sei besetzt. Zuerst verstand Mutter Priorin dies nicht (...). Nun erst begriff die Mutter Priorin die ganze Sache. Schnell schickte sie einige Schwestern in die Kapelle, um dort Betstunde zu halten. Die übrigen gingen fleißig an die Arbeit. Sie arbeiteten bis tief in die Nacht und vernichteten alles Überflüssige.«[184]

Die Schwestern erweisen sich hier als gute Schülerinnen von Pater Titus: Neben dem Vernichten eventuell belastender Unterlagen wird selbstverständlich das Gebet nicht vergessen. Das Gebet vor dem Allerheiligsten in der Hauskapelle war Pater Titus bei allen Schwierigkeiten, Überlegungen und Entscheidungen ebenso wichtig wie die praktischen Maßnahmen. Das galt nicht nur für die Armenspeisung, den Unterricht als Lehrer oder die Tätigkeiten als Prokurator, sondern auch in dieser Situation, wo es darum ging, klug zu handeln und belastendes Material verschwinden zu lassen. Die erwartete Durchsuchung ließ jedoch noch bis zum 3. April auf sich warten. An diesem Morgen erschienen zwei Herren, die sich als Beamte der Zollfahndungsstellen Bremen und Köln auswiesen. Sie wünschten Pater Titus zu sprechen und verlangten, die Bücher prüfen zu können. Zunächst waren die Beamten höflich, wurden dann aber ausfallend vor Wut, da sie bei der drei Tage dauernden Hausdurchsuchung und Prüfung offenbar nichts finden konnten, was eine Anklage stützen könnte. Die Beamten erklärten, sie würden nach Untersuchung der Bankkonten wiederkommen, aber in den nächsten Tagen ereignete sich nichts. Es war jedoch allen Beteiligten klar, dass die Sache noch nicht ausgestanden war.

Am 8. April 1935 nahm das Unheil seinen Lauf. An diesem Tag wurde in Düsseldorf der frühere Provinzial Pater Thomas Stuhlweißenburg verhaftet und in das dortige Untersuchungsgefängnis gebracht, Pater Provinzial Laurentius Siemer ereilte am folgenden Tag das gleiche Geschick. Er wurde nach einem ersten Verhör in das Kölner Gefängnis ›Klingelpütz‹ eingeliefert, wo er zunächst zwei Tage Isolationshaft ertragen musste – ohne Kenntnis der genauen Vorwürfe und ohne Kontakt zu anderen Personen. Erst später führte man ihn einem Richter vor, der die Untersuchungshaft anordnete.[185]

Pater Laurentius spürte dabei von Seiten des Wachpersonals manche Hilfsbereitschaft und auch Wohlwollen ihm gegenüber, was ihn zugleich ahnen ließ, dass die Verhaftung kaum eine rechtliche Grundlage besaß. Das machte ihn nun noch vorsichtiger und die Verhöre und die Gespräche zu einer wahren Tortur: Nur ja keinen Fehler machen! Nur ja keine Angriffsfläche bieten! Nur ja nicht in eine der gestellten Fallen tappen!

Pater Laurentius war bestimmt kein ängstlicher Typ, im Gegenteil: Sein Auftreten war stets selbstbewusst und beeindruckte auch die Beamten. Deshalb lässt es tief blicken, wenn er in seinen Erinnerungen schreibt: »Nach einem solchen Verhör war ich jedes Mal völlig erschöpft und musste mich in meiner Zelle auf meinen Strohsack legen, um wieder zu mir zu kommen. Weil nichts von außen an mich herankam, wusste ich nicht, um was es ging. Bei jedem Verhör vermutete ich die Aufdeckung von Tatsachen, die ich entweder nicht kannte oder von deren Strafwürdigkeit ich nichts gewusst hatte.«[186] Wenn die Verhöre, die Isolation und Ungewissheit schon einem Mann wie Laurentius Siemer derart zusetzten, wie viel mehr dann einem so sensiblen Charakter wie Titus Horten.

Noch am 9. April erfuhr Pater Titus, was in Düsseldorf und Köln vorgefallen war. Er rechnete mit einer erneuten Hausdurchsuchung, blieb aber in den nächsten Wochen trotz der unsicheren Situation äußerlich ruhig und versuchte, im Haus keine Nervosität oder Angst aufkommen zu lassen. Eigentlich hatte er sogar die Absicht gehabt, wegen seiner geschwächten Gesundheit am 4. Mai für einige Tage wegzufahren und auszuspannen, doch die anfallende Arbeit hatte ihn umdisponieren lassen, sodass seine Abreise nun für den 7. Mai vorgesehen war. Er konnte sie aber nicht mehr antreten, denn an diesem Tag erschienen morgens etwa 18 Zollbeamte in der Vechtaer Missionszentrale.

Alle Flure, Büros sowie die Zimmer von Pater Titus und der Priorin der Schwestern wurden besetzt, keiner durfte mehr ohne Erlaubnis einen Raum verlassen und alle standen unter dauernder Beobachtung der Beamten, sei es beim Umkleiden oder beim Essen. Wiederum suchte man nach belastenden Unterlagen und verhörte sowohl die Schwestern als auch Pater Titus. »Die Herren waren sehr aufgeregt und gingen nicht gerade in höflicher Weise mit Pater Titus um. Sie brüllten ihn manchmal an, sodass man in den neben liegenden Zimmern es gut hören konnte. Dann wurde auch Schwester Clementia verhört. (...) Zu wiederholtem Malen hieß es auch, sie solle nur eingestehen, Pater Titus hätte schon eingestanden. Sie blieb aber fest und ließ sich nicht einschüchtern und sagte kurz, so ist es, das weiß ich sicher und Pater Titus kann auch nichts anderes sagen.«[187]

Einen Tag später kamen noch einmal Beamte, um die Durchsuchung der Missionsprokuratur fortzusetzen. Die Anspannung, der harsche Umgangston, stundenlange Verhöre – all das brachte Pater Titus dabei an der Rand der Erschöpfung. Am Abend schließlich wurde er verhaftet. »Das Auto stand vor der Tür, Pater Titus kam, er schaute uns alle noch einmal wehmütig, lächelnd, freundlich an, dann öffnete sich die Pfortentüre. Das Auto nahm ihn auf und fort ging es. Wir wussten nicht, in welches Gefängnis.«[188]

Man brachte Pater Titus zunächst in das Männergefängnis von Vechta. Wie sehr ihn die Ungewissheit, die Anklage, die Verhöre und die möglichen Folgen für sich und den Orden zusetzten, geht aus den Notizen der Schwestern hervor: »Am 10. Mai gibt man uns den Rat, die Sache doch hier vor den Richter zu bringen; denn Pater Titus sei mit seinen schwachen Nerven vollständig fertig. (...) Nun war Pater Titus aber mit den Nerven so fertig, dass er wohl gar nicht mehr wusste, was er tat. Denn der Richter sagte, was Pater Titus unterschrieben hätte, nach dem könne er ihn nicht freisprechen, er hätte alle seine Gefühle beiseite setzen müssen. Nach der Verurteilung ging Pater Titus in Begleitung eines Beamten zu Fuß ins Gefängnis zurück. Wie immer hatte er auch jetzt ein seliges Lächeln im Gesicht, so berichteten uns die Leute, die ihm begegnet waren.«[189]

Während Pater Laurentius zumindest äußerlich die Situation fest im Griff behielt, vorsichtig und zugleich strategisch agierte und den Beamten gegenüber keine Schwäche zu zeigen versuchte, war es bei Pater Titus ganz anders. Dafür hatte er einfach nicht die Kraft, im Gegenteil: Die Lage wurde für ihn persönlich immer beklemmender. Er, der doch sonst geschäftliche Dinge souverän beurteilt und entschieden hatte, wusste angesichts der Vorwürfe offenbar nicht mehr, was er tat. Nervlich angegriffen unterschrieb er Dinge, die ihn selbst belasteten und so nicht zutrafen.

Wohl zu Recht befürchteten die staatlichen Behörden Proteste der Vechtaer Bevölkerung gegen die Inhaftierung des bei allen hochgeschätzten Dominikaners[190], weshalb sie eine schnelle Verlegung ins Oldenburger Gefängnis vornahmen: Schon am 11. Mai 1935 wurde er mit der Bahn dorthin gebracht. Ein Augenzeuge erinnert sich an den Eindruck, den die Abführung von Pater Titus auf ihn gemacht hat: »Ich sehe noch heute das Bild vor mir: Ein Vechtaer Polizist geht morgens um 7.15 Uhr mit Pater Titus, der nicht den schwarzweißen Dominikanerhabit trug, sondern wie ein Weltpriester

P. Laurentius Siemer und P. Titus Horten im November 1935 vor dem Gefängnis in Oldenburg

ganz in Schwarz gekleidet war, über die Straße an meinem Elternhaus vorbei zum Bahnhof, um den zweiten Morgenzug nach Ahlhorn zu nehmen, der dann Anschluss hatte nach Oldenburg. Ganz Vechta war von Entsetzen gelähmt: Pater Titus als Gefangener abtransportiert – das konnte ja wohl nicht wahr sein!«[191]

Die eigens für die Devisenprozesse eingerichtete Sonderstaatsanwaltschaft in Berlin hatte verfügt, dass das Verfahren gegen die drei verhafteten Dominikaner in Oldenburg durchgeführt werden sollte, denn der Sitz der Missionsprokuratur in Vechta gehörte zum Oldenburger Verwaltungsbereich. Aus diesem Grund wurde am 8. Juni ein entsprechender Sammelhaftbefehl ausgestellt und zwei Wochen später, am 20. Juni 1935, auch Pater Thomas Stuhlweißenburg und Pater Laurentius Siemer in das Gefängnis nach Oldenburg überstellt.

Der Prozess

Die gegen die drei Dominikaner erhobene Anklage lautete auf zum Teil gemeinschaftlich begangene Verstöße gegen die Devisengesetze in Höhe von 72.000 Reichsmark, ›Erschleichen‹ von Devisengenehmigungen unter falschen Voraussetzungen und widerrechtliches Verfügen über der Reichsbank ›vorsätzlich‹ vorenthaltene, das heißt nicht genehmigte Devisenwerte und Auslandsforderungen, sowie über Gelder im Inland zugunsten von Devisenausländern wie der Missionsprokuratur der Dominikanerinnen zu Ilanz (Schweiz) in den Jahren 1932 bis 1934.

Nach der Untersuchungshaft und den Verhandlungen wurde am 4. November 1935 das Urteil verkündet, das erwartungsgemäß die Schuld der Angeklagten feststellte und sowohl hohe Geld- als auch Gefängnisstrafen aussprach.

Dagegen erhoben die Angeklagten Einspruch, sodass der Prozess eine Fortsetzung fand. Erst mit dem Freispruch von Pater Laurentius Siemer am 30. Januar 1936 kam der Devisenprozess gegen die deutschen Dominikaner zum Ende, während dessen Verlauf zwei der drei Angeklagten in der Haft verstarben: Pater Thomas Stuhlweißenburg und Pater Titus Horten.

Für Pater Titus war dabei die rechtliche Frage gar nicht so wichtig. Vielmehr beschäftigten ihn sein Vertrauen auf Gott und seine Sorge für die Menschen, die ihm viel bedeuteten: für die Schwestern in Vechta, für seine Familie, für die Brüder im Orden. Dies mag erklären, warum er bei all den Dingen, die den eigentlichen Strafprozess betrafen, ungewöhnlich teilnahmslos wirkte: Sie waren für ihn letztlich bedeutungslos.[192] Schuldgefühle hatte er im Hinblick auf die ihm zur Last gelegten Vergehen keine, war er doch fest davon überzeugt, dass, wenn der Sachverhalt erst einmal juristisch aufgeklärt sei, auch seine Unschuld offenkundig werden würde.[193]

Seinem freundlichen Wesen entsprechend kam er zunächst gar nicht auf den Gedanken, dass man die Kirche, den Orden und ihn persönlich in einer derartigen Weise diskreditieren könnte – oder dies gar beabsichtige. Es war für den Sohn eines Reichsgerichtsrates einfach unvorstellbar, dass die staatliche Justiz, die sich doch der Rechtsfindung verpflichtet wissen sollte, Teil eines Unrechtssystems sein könnte. Es war für ihn undenkbar, dass ein Gericht, instrumentalisiert durch die nationalsozialistischen Machthaber, absichtlich Aussagen herbeiführen könnte[194], die den Angeklagten belasteten und den antikirchlichen Propagandazwecken des Regimes dienen sollten.[195] Deshalb zeigte sich Pater Titus zunächst sehr kooperativ, wohlgemerkt immer in dem Glauben, der Wahrheitsfindung zu dienen, wobei er von seinem eigenen rechtmäßigen Handeln absolut überzeugt war.[196] Sein Verteidiger berichtet: »(Dr. Horten war während des gesamten Verfahrens niemals darauf bedacht), sich der Anklage und den gegen ihn erhobenen Vorwürfen zu entziehen. Er hat in keinem einzigen Punkt versucht, seine Angaben zu seinen Gunsten zu färben. Umgekehrt war er stets besorgt, er könne irgendwie von der Wahrheit abweichen und dadurch unberechtigte Vorteile in seiner Verteidigung erlangen.«[197]

Erst zu einem späteren Zeitpunkt, »als die Lage der Patres im Gefängnis schwieriger wurde und man die Gehässigkeit und den Vernichtungswillen der Nazis im Prozess direkt heraus fühlte, als keine noch so deutlichen Beweise der Unschuld nutzten, da begann Pater Titus zu schweigen und nur noch zu beten und alles dem lieben Gott zu überlassen.«[198]

Die Enttäuschung über die Justiz und die psychischen Belastungen führten ihn also nicht zum Aufbegehren, zum energischen Kampf für die ihm zustehende Gerechtigkeit, sondern sie führte Pater Titus ins Schweigen, in die Passivität – aber auch in die vertrauensvolle Hingabe in die Hände Gottes.

Der mitangeklagte Pater Laurentius, der die Dramatik und Gefahr der Verhandlung aus seiner Verantwortung als Provinzial heraus sehr viel nüchterner erfasste und sich den Absichten der Juristen bewusst entgegenstellte, konnte über das Verhalten von Pater Titus nur den Kopf schütteln und geriet angesichts mancher Aussagen seines Mitbruders an den Rand der Verzweiflung: »Während der Gerichtssitzungen war er (Pater Titus) meist geistig abwesend, weil er immer wieder den Rosenkranz für seine Feinde betete. Er begrüßte diese seine Feinde, Beamte der Zollfahndungsstelle, Staatsanwälte und Richter, mit der allergrößten Liebenswürdigkeit, weil er sie in keiner Weise hasste, sondern sie als Funktionäre eines christentumsfeindlichen Systems ansah, die ihm leid taten.«[199]

Am 29. Oktober 1935 begann schließlich nach fast sechsmonatiger Untersuchungshaft die eigentliche Gerichtsverhandlung. Da sie in den Schlagzeilen der Lokalpresse angekündigt worden war, gab man Eintrittskarten aus, um den starken Zulauf zu regeln, schließlich versprach man sich einigen Erfolg für die Propaganda. Im Kolleg in Vechta hingegen beteten Schüler und Lehrer vor dem Allerheiligsten und nahmen auf diese Weise wohl ganz im Sinne von Pater Titus Anteil an dem belastenden Verfahren.[200]

Der Staatsanwalt beantragte nach »genauester Prüfung der rechtlich und sachlich oft sehr verwickelten Zusammenhänge in dreitägiger Vernehmung der Angeklagten und Zeugenvernehmung«[201] für Pater Titus eine Zuchthausstrafe von dreieinhalb Jahren und Ehrverlust, für Pater Laurentius Siemer zwei Jahre und sechs Monate Gefängnis. Dieser Antrag hat Pater Titus geradezu erschüttert, vielleicht auch seine letzten Kraftreserven gebrochen: »Wenn die Menschen mich für so schlecht halten, dass man mir die Ehre abspricht, wie wird erst Gott von mir denken.«[202] Die Verteidiger der Dominikaner hielten den Beweis für schuldhafte Verfehlungen ihrer Mandanten zwar für nicht erbracht und baten um Freispruch, letztlich jedoch mit nur geringem Erfolg.

Am 4. November 1935 fällte man das Urteil: Pater Titus wurde wegen Devisenvergehen in zwei Fällen aus dem Jahre 1932 und wegen versuchten Devisenverbrechens aus dem Jahre 1935 mit einer Gesamtstrafe von zwei Jahren Gefängnis (also nicht Zuchthaus!) und mit einer Geldstrafe von 70.000 RM belegt. Pater Laurentius wurde wegen zweier vorsätzlicher und eines fahrlässigen Devisenvergehens sowie eines versuchten Devisenverbrechens aus dem Jahre 1935 zu einer Gesamtstrafe von einem Jahr und drei Monaten Gefängnis und einer Geldstrafe von 53.000 Reichsmark verurteilt. In mehreren anderen Punkten wurden beide Angeklagte freigesprochen, die Untersuchungshaft sollte ihnen angerechnet werden.[203]

Während die Schulchronik ausdrücklich betont, »dass P. Provinzial und auch P. Titus unschuldig sind, dass sie bewusst kein Verbrechen gegen den Staat begangen haben (und so) …

vor Gott und allen gerecht denkenden Menschen frei von jeder Schuld (sind)«[204], berichtet die Oldenburgische Staatszeitung über den Prozess und die Verurteilung in großer Aufmachung[205]. Dabei dürfte Pater Titus v. a. verletzt haben, dass nun öffentlich zu lesen war, sein Verhalten sei »vom geraden Weg abgeirrt«,[206] bei ihm zeige sich »menschliche Verworfenheit«, die trotz moralischem Auftretens zum kriminellen Handeln geführt habe. Ausgerechnet er, der in seinen Aufgaben fast skrupulös an Recht und Vorschrift festhielt, der sich um andere bemühte und hilfsbereit war, der von allen Seiten auch wegen seiner Gerechtigkeit Achtung erfuhr – ausgerechnet er, Pater Titus, wurde nun vor aller Augen als unehrenhaft und zwielichtig dargestellt, als jemand, der wissentlich gegen das Volkswohl gehandelt und sich dabei heuchlerisch den Anschein eines frommen Lebenswandels gegeben habe. Dies wurde offiziell in einem juristischen Verfahren festgestellt, was den Sohn eines Reichsgerichtsrates besonders verletzte und ihn in eine innere Verunsicherung gegenüber all dem führte, was er von seinem Vater kannte.

Nach dieser Urteilsverkündung verlor Pater Titus auch die letzte Kraft für seine Verteidigung, ja es scheint fast so, als sei er einfach nur froh gewesen, dass die Befragungen, Verhöre und Verhandlungen endlich ein Ende gefunden hatten – egal um welchen Preis. Er freute sich, keine Zuchthausstrafe bekommen zu haben.[207] Pater Laurentius fand sich mit dem Urteil nicht ab und entschied auf seine energische Art für ihn mit, auch gegen den ausdrücklichen Rat von »parteiamtlichen Personen« gegen das Urteil Einspruch zu erheben und eine Fortsetzung des Prozesses zu verlangen.[208] Für Pater Titus war nur der Wille Gottes entscheidend, dem er sich ergab und dem er auch seine Gegner anvertraute: »Wir wollen ihm auch danken für alles. Sein heiligster Wille

Oldenburgische Staatszeitung

Amtliches Organ der Oldenburgischen Staatsregierung

Nummer 301 — Oldenburg, Dienstag, den 5. November 1935 — 7. Jahrgang

Das Urteil im Oldenburger Devisenprozeß

Ein Jahr, drei Monate Gefängnis für den Provinzial Siemer-Köln und zwei Jahre Gefängnis für den Generalprofurator Dr. Horten-Berlin

Der Urteilsspruch

Oldenburg, 5. November

In dem Devisenprozeß vor dem Landesgerichtsgefängnis Oldenburg gegen zwei Angehörige des Dominikanerordens, Provinz Deutschland, den Provinzial Siemer-Köln und den Generalprofurator der Ordensangehörigen Dr. Horten-Berlin, wurde gestern abend nach vierzigtägiger Verhandlung das Urteil gefällt.

Es wurde erkannt: gegen Siemer wegen zwei zusammenhängender Devisenvergehen und eines versuchten Devisenvergehens auf zusammen ein Jahr, drei Monate Gefängnis und 37 000 RM. Geldstrafe und sechsjähriges Devisenvergehen von 16 000 RM. Geldstrafe;

gegen Dr. Horten wegen Devisenvergehens in zwei Fällen und eines versuchten Devisenvergehens auf zwei Jahre Gefängnis und 70 000 RM. Geldstrafe.

Das Richtfest auf dem Königsplatz

Freispruch erfolgt ist. Für 55 000 RM. wurde auf Einziehung erkannt. Für die Summe haftet mit der Deutsche Ordensprovinz des heiligen Ordens der Kreuzbrüder (Dominikaner), Sitz Köln.

Siemer hatte in einem Fall ausländische Fonten des Ordens (Deutsche Provinz) in den Jahren 1932 und 1933 den deutschen Devisenstellen verheimlicht, Sorten bei in 1932 in zwei Fällen ohne Genehmigung übertragen und unrichtige Angaben sich die Genehmigung zur Ueberweisung von Summen ins Ausland geben lassen. Beide, Siemer und Dr. Horten zusammen, haben Anfang 1935 den Versuch gemacht durch eine Scheingründung falschen Inhalts, die Siemer eingefädelt hat, die Genehmigung für die Ueberweisung von 20 000 RM. zu erschleichen.

Die Anträge des Staatsanwalts hatten gelautet: gegen Siemer auf zwei Jahre sechs Monate Gefängnis und 65 000 RM. Geldstrafe, gegen Dr. Horten auf drei Jahre sechs Monate Zuchthaus, drei Jahre Ehrverlust und 140 000 RM. Geldstrafe. Der Vertreter war auf zusammen 80 000 RM. beantragt worden. Das Gericht fiel in einigen Anklagepunkten den Beweis gegen die Angeklagten für nicht erbracht.

Der Prozeß und sein Ergebnis

Am vorigen Dienstag begann vor dem Oldenburger Landesgericht unter dem Vorsitz von Landgerichtsrat Dr. Thomsen die Verhandlung in dem Oldenburger Devisenprozeß, durch die die Zahl der Devisenprozesse gegen Ordensgeistliche um einen weiteren vermehrt wird. Wenn auch dieser Prozeß, wie der Vorsitzende in der Urteilsbegründung hervorhob, nicht zu den schweren bisherigen Devisenprozessen gegen Ordensgeistliche, die oft unter Mißbrauch des Ordensgewandes Geld über die Grenze geschafft und zum Teil sich dadurch eigentlich Gewinn verschafft haben, in Parallele gesetzt werden kann, so ist doch auch hier wieder die Verfehlung gegen ein Notrecht zugunsten des Reiches und des Volkes festzustellen. Die Notrecht wurde zum Schutze des wirtschaftlichen Bestandes der Volksgemeinschaft geschaffen. Es muß daher von allen beachtet werden, die in dieser Volksgemeinschaft leben, und es dürfen insbesondere nicht diejenige Persönlichkeiten größerer Gemeinschaften dagegen verstoßen, die als Geistliche dieser engeren Gemeinschaft vorzuleben haben.

Die Verhandlung gegen die angeklagten Dominikaner wurde eingehend, unter genauester Prüfung der rechtlichen und sachlich oft sehr verwickelten Zusammenhänge in dreitägiger Vernehmung der Angeklagten und Zeugenvernehmung durchgeführt. Nach Schluß der Beweisaufnahme wurde dann am Freitag voriger Woche der Antrag des Staatsanwalts nach umfangreichem Plädoyer gestellt. Der Staatsanwalt forderte strengste Bestrafung unter Hinweis auf die Schutzbedürftigkeit des Wirtschaftslebens gerade in Notzeiten. Die drei Verteidiger der beiden Angeklagten hielten ihre Schlußplädoyers, in denen sie die Handlungen ihrer Mandanten nicht erbracht und baten um Freispruch.

Gestern abend wurde nun nach eintägiger Beratung vom Vorsitzenden die Verhandlung noch einmal kurz er-

wiesen. Staatsanwalt und Verteidiger wiederholten ihre Anträge. Nach kurzer erneuter Beratung wurde dann das obige Urteil gefällt.

Die Verteidigung der Angeklagten lag für Siemer in Händen von Rechtsanwalt Wester-Köln, bei Dr. Horten bei Rechtsanwalt Dr. Schauenburg-Oldenburg und für beide Angeklagte noch, vor allem für die ordensrechtliche Beurteilung, bei Rechtsanwalt Dr. Rosen-Düsseldorf.

Bei den Angeklagten handelt es sich um zwei führende Persönlichkeiten des Dominikanerordens für die Deutsche Ordensprovinz, einmal um den Provinzial Josef Siemer (Ordensname Pater Laurentius), geb. am 8. 3. 1888 in Elisabethfehn, wohnhaft in Köln, Provinzial seit Herbst 1932, vorher Leiter der Ordensschule Füchtel bei Vechta. Dann um den Rechtsanwalt Dr. Franz Horten (Pater Titus), geb. 9. 8. 1882 in Elberfeld, wohnhaft in Vechta, Generalprokurator der Rosenkranzmission in Vechta, Generalprokurator der Dominikaner.

Der Inhalt der Anklagepunkte und die Art der Vorgänge, die im Grundlage für die Verurteilung abgaben, geben aus, im Anschluß an die mündliche Urteilsbegründung des Gerichtsvorsitzenden und unter Verwendung der Ergebnisse der Hauptverhandlung in ihren Grundzügen wieder. Wir haben bereits hervor, daß die Straftaten im ganzen nicht so strafbar sind, wie wir sie leider in den letzten Monaten wiederholt von deutschen Gerichten abgeurteilt sehen mußten, und sie sind nicht in unmittelbarer Verbindung mit ihnen zu erblicken. Das Gericht gelangte zu dieser Auffassung unter gleichzeitiger Ablehnung der in der Beweisung der Straftaten, die hier in Oldenburg in einer Würdigung fanden, völlig einander entgegenstehenden Auffassungen der Staatsanwaltschaft und der Verteidigung. Nach der mit großem Ernst und Sachlichkeit und Gründlichkeit geführten Beratung ist das Gericht zu dem Ergebnis gekommen, daß es in den jetzt Verurteilten Menschen vor sich hat, die in ihrem Leben viel Gutes geleistet haben, die aber schließlich auch nur Menschen waren, die fehlen können und fehlen.

Dabei wurde und durfte nicht außer Acht gelassen werden, daß die Volksgenossen und damit auch dem Wohle des Volkes verpflichtet sind, die durch ihr geistliches Amt zugleich einem größeren Personenkreis, der ebenfalls zur Volksgemeinschaft gehört, vorgesetzt und darum dem Volkswohl doppelt verpflichtet sind.

In dem ersten, dem Provinzial Siemer vorgeworfenen Delikt handelt es sich um Nichtanmeldung, und dem Verschweigen ausländischer Konten der Deutschen Ordensprovinz, über die in wesentlichen die Erträgnisse von Meßstiftungen geleitet wurden. Diese Konten wurden zur führt von Ordensangehörigen der Deutschen Provinz geleitet. In der Schweiz bestand nun neben dem Dominikaner.

Deutsch-polnischer Wirtschaftsvertrag

Auf der Basis der Meistbegünstigung

Warschau, 5. November.

Ein deutsch-polnischer Wirtschaftsvertrag ist am Montag um 19 Uhr in Warschau unterzeichnet worden. Das amtliche Kommuniqué darüber lautet:

Am 4. November 1935 ist in Warschau ein deutsch-polnischer Wirtschaftsvertrag unterzeichnet worden, der den gesamten Warenverkehr zwischen den beiden Ländern auf der Grundlage der Meistbegünstigung regelt und eine Erweiterung des Warenumsatzes unter Berücksichtigung der beiderseitigen wirtschaftspolitischen Erfordernisse vorsieht. Die Zahlungen für die gegenseitigen Warenumsätze werden auf dem Verrechnungswege abgewickelt werden.

Um sicherzustellen, daß das vereinbarte Vertrags-Regierungsausschüsse eingesetzt, die in ständiger enger Fühlungnahme miteinander alles bei der praktischen Ausmittlung etwa entstehenden Hemmnisse beseitigen sollen. Der Vertrag, der ratifiziert werden soll, wird am 20. November vorläufig in Kraft gesetzt werden.

Der Abschluß dieses Vertrages zunächst auf ein Jahr befristeten, aber im Falle der Nichtkündigung automatisch weiterlaufenden Vertrages, der das Ergebnis mehrmonatiger Verhandlungen in Berlin und zuletzt in Warschau darstellt, bedeutet nach der Genehmigung der Meistbegünstigung nach dem Zollsystem protokoll vom 7. März 1934 einen weiteren Schritt auf dem Wege zur Normalisierung der Handelsbeziehungen zwischen Deutschland und Polen und entspricht daher der Entwicklung der sei angebetet. Beten wir für alle, die vielleicht etwas gegen uns haben.«[209] Er versuchte auf die ihm eigene Art mit der schwierigen Situation umzugehen, nämlich sie vom Glauben an Gottes Liebe her zu deuten, einer Liebe, der er unbedingt vertrauen wollte

Die Haft als eine Zeit der Gnade Gottes

»Vielen Dank für alle ihre Liebe und treue Sorge. Hoffentlich brauche ich nicht alles Briefpapier hier aufzuschreiben! Aber wie der hl. Gott es will! Hinter jeder Prüfung und jedem Leiden steht in besonders liebevoller und fürsorglicher Weise Gottes Vorsehung. Hier ist vorläufig ›mein Platz‹.«[210] So Pater Titus in einem Brief an Schwester Natalia, der Priorin der Vechtaer Dominikanerinnen. Sein Platz – das war nun eine ungefähr fünf Meter mal drei Meter große Gefängniszelle, äußerst karg eingerichtet, mit einem Oberlicht als Fenster, aus dem der Gefangene nicht herausschauen konnte. Sein Platz – das war nun das Männergefängnis in Oldenburg mit seinen fremdbestimmten Abläufen, mit dem rauen Ton der Insassen und Aufseher, mit seinem stumpfen Tagesablauf, mit seiner Einsamkeit, die doch zugleich keinen privaten, intimen Bereich zuließ. Dies war nun der Platz von Pater Titus. So hat er seine Haft verstanden: als seinen Platz, an dem er lernen konnte, sich ganz Gott zu überlassen. An seine Schwester schrieb er: »Gottes unendliche Vatergüte wacht über uns! Diese Zeit ist für uns eine Schule des Vertrauens!«[211]

»Beten wir füreinander, beten Sie, bitte, besonders für mich, dass ich die Prüfung ganz übernatürlich auffasse. Ich glaube und bin mir dessen vor Gott sicher, dass alles für mich und unsere liebe Ordensprovinz eine Zeit überaus großer Gnade und heiliger Berufung ist. Möge der liebe Gott mir die Gnade wahrer Demut verleihen und die Kraft, jedes

Opfer für Ihn und Seine heiligen Absichten bis zum Letzten freudig zu bringen. Möge die Prüfungszeit für uns alle eine wahre Schule echter Innerlichkeit werden.«[212] Für Pater Titus war die zugemutete Gefängnishaft vor allem anderen eine Zeit der Gnade, in der ihm die widrigen Umstände die Möglichkeit gaben, näher zu Gott zu finden, Christus im Leid nachzufolgen und so auf dem Weg der Heiligung, die ihm ja immer wichtig war, voranzukommen. So versuchte er seine Situation zu deuten, so wurde sie für ihn sinnvoll, so fand er Kraft, diesen leidvollen und ihm in vielem bedrängenden Weg zu gehen: indem er sie als gnadenvolle, weil tiefer in das Vertrauen in Gottes Liebe hineinführende Zeit verstehen konnte.

Fast sechs Monate sollte die Haft für Pater Titus dauern. Jeder Vergleich mit den Gräueltaten, die heute von den Nationalsozialisten bekannt sind, verbietet sich dabei: ein Gerichtsverfahren, das fast rechtstaatlichen Maßstäben entsprach; eine humane, ja sogar zuvorkommende Behandlung durch das Gefängnispersonal; guter, meist schriftlicher Kontakt zwischen dem Gefangenen und den ihm vertrauten Personen; schließlich das Sterben von Pater Titus im Hospital – zwar unter Bewachung, aber doch mit medizinischer und pflegerischer Betreuung. Nein, ein Vergleich mit dem Leid anderer, unter nationalsozialistischer Diktatur inhaftierter und ermordeter Menschen ist für die Situation der Dominikaner in Oldenburg aus heutiger Perspektive unangemessen.

Um die Persönlichkeit eines Menschen zu würdigen und sein geistliches Profil zu beschreiben, wäre ein solch messender Vergleich mit anderen aber auch kaum hilfreich. Wichtig ist doch vielmehr, was die jeweilige Situation für den Einzelnen aus dessen ganz eigener Sicht bedeutet, was ihn leidvoll quält oder hoffnungsstark trägt. Woraus lebt ein Mensch,

Soli + Deo!   Oldenburg 21. 6. 35

Lieber hoher P. Prior!

Recht herzlichen Dank für Ihren freundlichen Brief vom 14.6. und die Grüße von den Mitbrüdern. In meiner Lage ist mir jeder Gruß von draußen eine besondere Freude. Hl. Joh. v. Kreuz u. die hl. Theresia machen mir viele Freude, leider bin ich innerlich nicht immer so aufnahmefähig. Es freut mich, daß Br. Tarzisius endlich seine Operation überstanden hat, hoffentlich ist ihm nun auch endgültig u. gut geholfen. Es freut mich, daß die Schule ihre gewohnten Sch[...]ausflüge machte. Ich habe oft daran gedacht ob P. R. P. [...] P. Thomas hier sind, weiß ich nicht. Ich habe nichts gehört und nichts gesehen. Für die nächsten Tage bitte ich besonders um Gebet, damit bei den Verhandlungen doch Klarheit geschaffen werde. Wie mir mitgeteilt wurde, sind 30 fl auf meine Konto eingezahlt worden. Vielen Dank! Es tut mir leid, daß ich dem Konvent auch noch soviel Unkosten mache. — Heute morgen habe ich für unseren [...] verst. P. Jos. p. Keller die hl. Messe gelesen. Ich lese am Ende der Exerzitien genau die pescrib. [...] pr. A. dies pro in Eouam. S. Joseph im Himmel wird sicher für unser Heiligen ein kräftiger Fürsprecher sein.

Viele herzl. Grüße an alle Mitbrüder, besonders auch die Brüder, Chor-Schwestern, Lehrer u. alle

Ihr
in S. Dominico
gehorsamer s. fr. Titus p.

produziert in proc. dil. (P Decker)
durch P. Lahmkuhl
Causa SD Horten
A-Z EP / 813

er der zahlreichen Briefe, die Pater Titus 1935 aus der Haft schrieb
die Zeugnis von seinem geistlichen Weg geben

wenn er sich ungerecht verfolgt, körperlich schwach und öffentlich kriminalisiert erfährt? Was bedeutet eine solche Situation für seinen Glauben, für sein Vertrauen oder Hadern – und welche Momente dieser Gottesbeziehung können für andere, vielleicht für uns heute, beispielhaft und stärkend sein? Und auch wenn er verhältnismäßig gut behandelt wurde: Eine Leidenszeit war die Haft für Pater Titus allemal, davon sprechen die Briefe und Begegnungen auf ganz eigene Weise. Er erlebte sie als belastend und dunkel, sie nahm ihm die Luft zum Atmen und die Kräfte an Körper und Geist.

»Nun seien Sie doch bitte alle recht munter. Alle ohne Ausnahme voll Dank und Freude gegenüber dem lieben Gott, dem Geber alles Guten, unserem liebreichen Vater! Nie sind wir sicherer, dass wir zu Gott hingehen, wenn wir den Weg des hl. Kreuzes gehen dürfen. Es ist dort am wenigsten Eigenwille und Eigenliebe. Und was der liebe Gott beginnt (…), dazu gibt er auch seine Gnade. Deshalb freut Euch, abermals sage ich freut Euch im Herrn. Welches Glück, welche Gnade etwas leiden zu dürfen. Aber beten wir füreinander, dass wir ganz demütig werden. (…) Mir geht es recht gut. Alle hier sind so lieb zu mir. Ich schlafe gut, esse gut. Rauche mittags und abends ein Cigärrchen! Ich werde ganz verwöhnt! Heute kam die Nachricht, dass ich celebrieren darf, der Herr Vikar muss aber selbst dabei sein. Vielleicht darf ich um ein Ministrantenbüchlein bitten. (…) Im Wandel vor Gott, dem Dreieinen, Ihnen stets nahe und Sie segnend Ihr munterer dankbarer verwöhnter Fr. Titus«.[213]

So schrieb Pater Titus zu Beginn seiner Haftzeit, im Mai 1935. Diese kurzen Zeilen skizzieren die ambivalente Situation, in der er sich befand, und lassen seine innere Zerrissenheit spüren: Auf der einen Seite spricht er bewusst vom

Leiden, das es zu tragen gilt – und gleichzeitig klingt das Gottvertrauen an, in welches Pater Titus tiefer hineinzufinden hoffte und welches seinem Streben nach Heiligkeit entsprach.

Der Brief von Pater Titus galt den Menschen, denen er sich verbunden wusste und die ihm mit ihrer treuen Fürsorge Kraft in der Einsamkeit der Haft schenkten. Man hört seine Sorge nicht nur um sich selber, sondern auch um die anderen, um die Schwestern in Vechta zumal, für die Pater Titus sich weiterhin verantwortlich fühlte und denen er auf keinen Fall Unannehmlichkeiten bereiten oder zur Last fallen wollte.

Geradezu verstörend mutet die Zufriedenheit an, von der Pater Titus schreibt und von der er auch in anderen Briefen spricht. Selbst als er psychisch und körperlich am Rande seiner Kräfte stand, hörte man von ihm kaum ein Wort der Klage, im Gegenteil: »Es geht mir gut. Machen Sie sich keine Sorge!« – das sind Sätze, die immer wiederkehren. Die bedrückende Einzelhaft – mit Pater Thomas und Pater Laurentius durfte er keinen Kontakt halten, was auch dazu führte, dass er die psychisch hochproblematische Situation von Pater Thomas nicht erfassen konnte und dessen Tod umso erschütternder erlebte[214] –, die offensichtlichen Gesundheitsprobleme, die Verhöre, der Prozess und die öffentliche Verunglimpfung – von alledem wussten auch die Schwestern, die Familie und die Mitbrüder, so dass die Beteuerung, dass es ihm gut gehe, niemanden wirklich überzeugen konnte. Andere Aufzeichnungen sprechen ganz anders und zeigen, dass er die Not dieser Monate eben doch als quälend empfand. Es scheint dabei fast so, als ob er sich selber zur Ordnung rufen, sich selber trösten wollte, wenn er etwa der Priorin schrieb: »Wenn Sie und alle lieben und ehrwürdigen Schwestern so tapfer und munter sind und den Kopf hoch halten und auf den lieben Gott vertrauen, muss ich es doch erst recht tun.«[215] Er wollte aushalten, denn es war doch schließlich der Platz, an den Gott ihn gestellt hatte, ein gnadenvoller Ort, von dem man sich nicht davonstehlen konnte.

Pater Titus bat die Menschen, die sich um ihn sorgten, dankbar und froh zu bleiben. Dies ist aus seiner gläubigen Haltung heraus zu verstehen, dass jede Situation, so schwierig sie sein mag, zu Gott führt. So schrieb er an seine Schwester: »Gerade hatte ich vor, ca. 3 Wochen zu Dir kommen zu wollen[216], da hat der liebe Gott, unser liebreichster und gütiger Vater, es anders gefügt. Aber glaube mir, es ist so heiliger für uns. Der liebe Gott führte uns einen höheren Weg zur Beschauung, zur wahren Innerlichkeit und Heiligkeit. Es ist der Weg des Leidens und des heiligen Kreuzes. Deshalb sei getröstet, sei dankbar und munter.«[217] So deutete Pater Titus seine Situation: als Weg zur Heiligkeit, als Weg in die vorbehaltlose Gottverbundenheit. Für ihn war es nicht hoffnungslos, nicht sinnlos, was er ertragen musste, sondern vielmehr eine von Gott gegebene Möglichkeit, den eigenen Weg zur Heiligung fortzusetzen. Sein ganzes Leben lang hatte Pater Titus sich nicht gegen Herausforderungen aufgelehnt, wenn die verschiedenen Aufgaben ihm manches abverlangten. Im Gegenteil: Er sah darin immer die ihm aus Liebe von Gott geschenkte Möglichkeit, sich ganz Gott zu überlassen. So auch jetzt, so auch an seinem Platz in der Gefängniszelle in Oldenburg.

Pater Titus beschreibt dabei die Haft als das, was sie für ihn war: als Leidenszeit, als Kreuz, als schwere Last. Er war nicht so naiv, sich die Situation schönreden zu wollen. Aber an diesem Platz, in dieser ihm auferlegten Situation versuchte er immer mehr in den Willen Gottes hineinzufinden, sich ihm zu übereignen und anzuvertrauen. Dafür nutzte er die tägliche Eucharistiefeier, das stille Gebet und die geistliche Schriftlesung, bei der v.a. das Werk von Johannes vom Kreuz im Vordergrund stand. So wurde sein Alltag in der Gefängniszelle wirklich zum Gebet, was auch die Beamten in der Strafanstalt spürten. Der Gefangene war ihnen sympathisch, da er ihnen liebenswürdig begegnete, auch wenn sie, wie Pater Titus selber über sie sagte, »so ganz anders dachten«[218]. Er stellte in den Gefängnisalltag seine Freundlichkeit hinein, seine Aufmerksamkeit für den anderen, was ihm gelang, weil er Gott nicht aus den Augen verlor. Es war eine betende Haltung: ein Leben aus Gott.

Inneren Halt und Trost in Unsicherheit und Einsamkeit gab ihm die tägliche Eucharistiefeier, die ihm sehr wichtig war und die ihm zunächst auch ohne Komplikationen gestattet wurde. Er war dankbar, dass der Gefängnisgeistliche, Vikar Heinrich Grafenhorst, ihm diese Möglichkeit eröffnete, selber bei der Messe ministrierte und so die völlige Einsamkeit in einem wesentlichen Punkt durchbrach. Die Staatsanwaltschaft in Berlin verbot jedoch schon nach kurzer Zeit dieses Zusammentreffen der beiden Priester, wohl um die Isolationshaft rigide aufrechtzuhalten.

Für Pater Titus war es bedrückend, nicht mehr regelmäßig die Eucharistie feiern und beichten zu können – beides scheint die Anordnung aus Berlin unterbunden zu haben.[219] Der Bischof von Münster, Clemens August Graf von Galen, erteilte jedoch die notwendige Dispens, so dass Pater Titus auch ohne Ministrant zelebrieren durfte. »Ich kann wieder täglich celebrieren, ganz allein auf meiner Zelle ohne Ministranten. Ganz besondere Vergünstigung morgens ¼6–6¼, es ist sehr schön und ruhig und stärkt mich für den ganzen Tag. Ich schließe sie alle mit ein. Abends bereite ich alles vor, das schöne Bild des heiligen Vaters Dominikus unter dem Kreuz ist Altarbild.«[220] Und an die Priorin der Schwestern: »Mein Altar in der Frühe ist mein Tisch für mittags und abends. Vom selben Tisch nehme ich in aller Frühe das Brot des ewigen Lebens und am Tag das Brot dieser Zeitlichkeit. Eine liebevolle Einladung zur geistlichen hl. Kommunion.«[221]

Die Gegenwart Christi in der Eucharistie – sie stärkte ihn schon in seiner Arbeit als Prior, Prokurator oder Verlagsleiter. Nun aber, in der Haft, war sie sein Halt und Trost. In ihr wusste er sich nicht nur mit Christus tief verbunden, sondern gerade auch mit all denen, die ihm lieb waren und um deren Gebet er wusste. »So sind wir im heiligen Opfer täglich noch inniger vereint (…) Machen Sie und die lieben Mitbrüder sich keine zu großen Sorgen. Nur wollen wir uns im Gebet füreinander oft vor Gott treffen.«[222]

Immer wieder ist in den Aufzeichnungen der Kollegschronik in diesen Tagen zu lesen, dass Schüler und Lehrer am Schicksal von Pater Laurentius und Pater Titus intensiv Anteil nahmen. Pater Titus bedeutete es sehr viel, dass die Schwestern, die Kollegschüler und die Mitbrüder für ihn beteten und so mit ihm das Kreuz trugen.[223] Er empfand dieses als Hilfe auf dem Weg der Heiligung: »Vielen Dank für alles Beten und Opfern! Wir wollen den Mut nicht sinken lassen, sondern nur noch mehr vertrauen! Leiden ist ja, übernatürlich geschaut, nur gnadenvoll. Beten Sie, bitte, dass wir alles zu unserer Heiligung benutzen«[224] – so schreibt er im November 1935.

Dabei wusste er sich in besonderer Weise seiner Familie verbunden: Mit seiner Schwester Johanna pflegte er den

»Ich kann wieder täglich celebrieren, ganz allein auf meiner Zelle ohne Ministranten. (...) Ich schließe sie alle mit ein. Abends bereite ich alles vor, das schöne Bild des heiligen Vaters Dominikus unter dem Kreuz ist Altarbild.«
Das Foto zeigt das Dominikusbild, welches Pater Titus in seiner Gefängniszelle hatte, seinen Rosenkranz und seine Stola.

Briefkontakt, mit ihr fühlte er sich auch im Gebet vereint.[225] Eine hervorragende Stellung nahm sein Bruder Timotheus ein, der insbesondere für sein geistliches Leben Vorbild war und den Pater Titus wie einen Heiligen verehrte. So nahm er den Vorschlag, der offensichtlich von der Priorin stammte, gerne auf und begann in der Haft, eine Biographie seines Bruders zu schreiben, die jedoch unvollendet bleiben sollte.[226]

Zweierlei scheint ihn dazu bewogen zu haben, wenn er schreibt: »Sie haben ganz recht: Ich muss tapferer sein im Leiden. So recht habe ich wieder einmal erfahren, welcher Unterschied besteht zwischen Betrachtung und auch einen Vortrag halten über das Leiden und dem Leiden selbst. Da kann man sich nur zu leicht täuschen. (…) Die Hauptsache ist ja unsere Heiligung. Auf Gottes Gnade will ich stark und männlich werden im Leiden und Ertragen, dann kann ich später auch anderen besser helfen. Pater Timotheus hat das auch so herrlich in seinem Charakter vereint: Zartfühlendes und etwas Festes, Strenges, Männliches.«[227]

Sein Bruder war ihm also nicht nur Vorbild in geistlichen Dingen, sondern auch Mahnung, die Strapazen der Haft zu ertragen. Offensichtlich zehrten diese an den Nerven, offensichtlich sind die Worte der Ermunterung, die er den Schwestern und den Brüdern schickt, auch – oder sogar in erster Linie – Worte, die er an sich selber richtet: »Ich bin munter und wohlauf und hoffe und bete, dass der liebe Gott mir weiter hilft. Die Nerven und das Herz haben ja manches in der Lage, in der ich mich befinde, auszuhalten. (…) Täglich bete ich zu Pater Timotheus. Er wird mir helfen nach Gottes heiligstem Willen.«[228]

Unter den Aufzeichnungen, die Pater Titus im Gefängnis nur für sich notierte, findet sich folgender Text, der die Seelenqual wohl deutlicher widerspiegelt als die Briefe an andere Personen, denen er, wie er immer wieder sagte, nicht zur Last fallen wollte. Pater Titus ermahnte sich selber: »Männlich, Kopf hoch, durchhalten. Ich will doch einmal sehen, ob ich nicht durchhalten kann. Viel andere können es. Jeden Tag Kopf hoch, um jeden Preis durchhalten. Auch in den Tagen der Verhandlung, auch eventuell später in Vechta. Ich halte aus, Tausende halten aus. In allem und über alles: tiefen Herzensfrieden bewahren. Wenn ganz verlassen – Jesus am nächsten. Sein Vaterauge wacht über uns, sein Vaterherz sorgt sich um uns. Haben wir Vertrauen.«[229]

In den Gedanken von Pater Titus finden sich viele Parallelen zum großen spanischen Mystiker Johannes vom Kreuz, dessen Schriften und Betrachtungen man damals in der Kirche neu zu entdecken begann. Vielleicht fühlte Pater Titus sich ihm besonders nah, weil sie ein ähnliches Schicksal verband, nämlich das Nicht-verstanden-Werden in geistlichen Dingen und die Erfahrung der Gefangenschaft: »Das Fest des hl. Johannes vom Kreuz habe ich still gefeiert. (…) Ich habe seine Schriften so gern, weil er, wenn er auch noch so hoch steigt in der Vereinigung mit dem lieben Gott, immer praktische Winke und Regeln gibt, so dass man nicht in der Luft schwebt, sondern immer weiß, was man zu üben hat, worauf alles hinausgeht, worauf es ankommt.«[230]

Für den heiligen Johannes sind die dunklen, bedrängenden Lebensmomente in all ihrer Härte Wendepunkte im geistlichen Leben, Gnadenzeiten, in denen der Mensch sich ganz für Gott öffnen kann und so zur vollkommenen, weil ungehinderten Hingabe befähigt wird. Bei ihm findet sich eine positive Deutung der Leiderfahrung, welche auch die Konsequenz hat, jede Erleichterung eben dieses Leidens abzulehnen. Vielmehr ist völlige Hingabe gefordert, passives Ertragen, das dann zum Licht führt.[231] So versteht Pater

Titus nun auch sein Erleben wenn er der Priorin der Dominikanerinnen schreibt: »Wie gut der liebe Gott ist: Er gibt mir Gelegenheit gut zu machen, was ich gefehlt und ich glaube, dabei große Gnaden zu gewinnen im Gebetsleben, im Leben aus dem Glauben, im Gnadenleben, im Leben der Vereinigung mit ihm, seinem heiligsten Willen, im Absterben und im Verzichten auf alles, was nicht Gott ist. Wir wollen füreinander beten, dass wir den Einsprechungen gleich willig folgen, dass in allem Dunkel das Glaubenslicht umso heller aufleuchtet.«[232] Und in einem anderen Brief, den er kurz vor seinem Tod an Schwester Benvenuta schickte: »Ja, gehen wir mit Jesus den heiligen Kreuzweg im kommenden Jahr. Bitten wir um die Gnade, dass wir es dürfen und dass wir uns dieser Gnade bewusst bleiben, dankbar mitwirkend, demütig wie ein Kind. Dann haben wir auch gleich nicht nur die Lehre des hl. Johannes vom Kreuz, sondern was viel kostbarer ist ein Leben nach der Lehre des hl. Johannes. Er ist ja ein Kreuzesliebhaber.«[233]

Für Pater Titus war die zu ertragende Haft schwere Last und echtes Leiden, woran er letztlich zerbrochen ist. Seine Briefe und die Berichte von Menschen, die mit ihm Kontakt pflegen konnten, sprechen dabei nicht davon, dass er mit Gott haderte oder an seinem Glauben irre zu werden drohte. Davon teilte Pater Titus zumindest nichts nach außen mit – welche Fragen ihn in den einsamen Stunden bedrängten, bleibt verborgen. Er verstand sein leidvolles (und das war es ohne Zweifel) Erleben als Gnade, nämlich als die Möglichkeit, sich ganz Gott anzuvertrauen, ganz bei Gott zu sein, sodass nichts mehr zwischen ihm und Gottes Wirken stand. In einem Brief formuliert er es so: »Das religiöse Leben, das Ordensleben, ist und sollte sein ein Ringen um Gott – kämpfen und siegen, entsagen und gewinnen. Wir wollen gerade in der jetzigen Prüfungszeit um Gott, um eine größere Vertrautheit mit Gott ringen, wir wollen ihn nicht von uns lassen, *bis er uns gesegnet,* d. h. bis wir in seiner Liebe gewachsen sind, bis wir ihm näher gekommen sind. Wir sind, glaube ich, in einer großen Gnadenzeit. Beten wir füreinander, dass wir sie ganz ausnützen.«[234]

Tod und Beisetzung

Zeit seines Lebens war Pater Titus ein kränkelnder Mensch. Manches Mal hatte man um sein Leben bangen müssen, auch wenn er selber die gesundheitlichen Schwächen nicht besonders beachtet sehen wollte. Zu schaffen machten ihm vor allem seine Lunge und das Herz. Zum Zeitpunkt seiner Inhaftierung sollte er eigentlich einige Tage der Erholung bei seiner Schwester verbringen, er wusste also um seinen akut schlechten Gesundheitszustand. Doch selbst als die Schmerzen infolge der Haft und der psychischen Belastungen immer drängender wurden, machte Pater Titus darum kein Aufhebens, sondern betonte in seinen Briefen immer wieder, dass es ihm gut ginge und man sich um ihn keine Sorgen zu mache brauche.[235] Er wollte eben niemandem zur Last fallen, niemanden beanspruchen, hatte keine Sonderwünsche. Nur gegenüber dem Gefängnisgeistlichen, Vikar Grafenhorst, klagte er über seine Beschwerden, welche durch die Enge der Zelle erheblich verstärkt wurden. Er brauchte mehr Luft, es wurde ihm in seinem Raum offensichtlich so schwindelig, dass er nicht mehr zelebrieren konnte.[236]

Im Oktober 1935 klagte er gegenüber dem Gefängnisarzt Dr. Reuter über unruhigen Schlaf und Nervosität, offenbar auch über Herzrasen. Dieses wurde medikamentös behandelt und erst Ende Dezember sah der Arzt Pater Titus wieder.[237]

Zwar wies Vikar Grafenhorst den Arzt auf sein schlechtes Befinden hin, doch schien diesem eine dringende Behandlung nicht erforderlich, sodass erst am 6. Januar eine weitere

Untersuchung stattfand, bei der wieder die Beschwerden der Pulsbeschleunigung und -unregelmäßigkeit zur Sprache kamen. Pater Titus selber hatte dabei nicht um eine Untersuchung gebeten, es war ein vorgeschriebener Routinetermin, oder aber – das wird in den Zeugnissen nicht deutlich – eine Maßnahme des Gefängnispersonals, dem der schlechte Gesundheitszustand von Pater Titus ebenfalls auffiel. Auch Grafenhorst bat um die Verlegung in ein Krankenhaus, da die Gesundheit von Pater Titus offenkundig immer schlechter wurde, dieser aber auch gegenüber dem Arzt noch immer betonte, dass es ihm gut gehe.[238]

Trotz Behandlung besserte sich der Zustand nicht. Gegenüber Pater Laurentius, den ein Beamter für einen kurzen Besuch in seine Zelle ließ, klagte Pater Titus über Erstickungsnot, die ihm in der engen Zelle besonders zu schaffen mache.[239] Die bekannten Leiden an Lunge und Herz wurden quälend in der Haft und angesichts des für den 29. Januar anberaumten neuen Verhandlungstermin sicher massiver als je zuvor. Wohl auch auf Drängen von Pater Laurentius veranlasste Dr. Reuter schließlich am 13. Januar die Überführung des Gefangenen in das Peter-Friedrich-Ludwig-Hospital in Oldenburg.

Hier lag er zwar auf der Gefängniszelle, aber er bekam mehr Luft, was für ihn eine große Erleichterung darstellte, für die er dankbar war.[240] Der Gefängnisarzt und der Chefarzt des Krankenhauses, Dr. Kohlmann, nahmen die weitere Behandlung vor, doch zeigte sich keine Verbesserung.[241] Zwar kümmerte sich das Pflegepersonal sehr aufmerksam um ihn, doch nahmen seine Atemnot, seine nervöse Unruhe und die Herzbeschwerden immer mehr zu. Bereits am 16. Januar 1936 ist in der Kollegschronik zu lesen: »R.P. Titus Horten wird aus dem Gefängnis nach dem Krankenhaus überführt.

Sein Zustand gibt zu Besorgnissen Anlass. Er ist versehen worden! Gott erhalte uns den guten Pater Titus!«[242] Am 19. Januar empfing Pater Titus die Sterbesakramente.

Zwölf Tage verbrachte Pater Titus im Krankenhaus, körperlich geschwächt durch seine Atemprobleme und die Herzattacken, nach Monaten der Einzelhaft, der Beschuldigungen und der Ungewissheit nervlich stark angegriffen, dazu aufgrund seiner ihm eigenen Bescheidenheit immer in Sorge, anderen zu viel zuzumuten. All das zehrte seine letzten Kraftreserven auf. Im beständigen Gebet fand er Trost – und es ist wohl nicht gering zu achten, was es für ihn bedeutete, dass zur Nachtpflege eine katholische Schwester vom benachbarten Pius-Hospital kam: Diese konnte in der ihm gewohnten Weise mitbeten und er war nicht allein.[243] Dabei sprach Pater Titus fast ständig, leise murmelnd, und betete für die Mission, für den Orden und für viele Menschen, denen er den Segen Gottes erbat.

Er wurde immer schwächer. Die Patres und die Schüler des Kollegs nahmen aus der Ferne Anteil, wie die Schulchronik berichtet: »In der Kollegskapelle sind Betstunden für unseren guten P. Titus! Oremus pro eo! Sein Zustand ist bedenklich! P. Prior und mehrere Mitbrüder fahren nach Oldenburg, um noch einmal P. Titus zu besuchen.«[244]

Es war ein Abschiedsbesuch der Brüder, an dem auch die Schwester Priorin Natalie teilnehmen konnte – dank der Großzügigkeit der Diakonissinnen im Krankenhaus, die sich über bestehende Verbote energisch hinwegsetzten und Schwester Natalia mit ins Krankenzimmer nahmen. Sie berichtet in einem Brief von diesem letzten Besuch: »Pater Titus lag da wie eine Jammergestalt mit geschlossenen Augen und röchelte nur noch. Nach einer Weile kannte er mich und bestellte sofort Grüße an Mutter Generaloberin und alle Schwestern (...) Er war recht elend, sein Hals und sein Mund waren ganz ausgedorrt, trinken durfte er nicht viel. (...) Wir betteten ihn, so gut es in dem viel zu kleinen Bette ging. Er war für jede Kleinigkeit rührend dankbar.«[245]

Schwester Natalie konnte am Nachmittag bei Pater Titus bleiben, der auch von Vikar Grafenhorst mehrmals besucht wurde, um ihm seelischen Beistand zu geben. Die Priorin berichtet: »(...) kein Wort der Klage kam über seine Lippen, im Gegenteil, er flehte mich an: Beten Sie doch, dass ich geduldig bleibe, dass ich standhaft bleibe, dass ich ausharre.«[246] Sich nicht von Gott abbringen zu lassen, das Vertrauen zu behalten, dass Gott es gut machen wird – so kann man diese Bitte des Sterbenden wohl verstehen. Er will in diesem Vertrauen durchhalten, er will sich davon nicht abbringen lassen, von dieser Gottesverbundenheit, um die er sich zeitlebens bemüht hatte, die er im Gefängnis, in dieser ›Schule des Vertrauens‹ zu formen und zu vertiefen suchte und die ihn nun in der Stunde des Todes nicht verlorengehen sollte.»Beten Sie, dass ich standhaft bleibe!«

Am 25. Januar schließlich bestand kein Zweifel mehr, dass Pater Titus nicht mehr lange leben würde. Ausgerechnet an diesem Tag bekam kein Mitbruder die Erlaubnis für einen Besuch. Am Abend, als wieder eine Clemensschwester für die Nacht kam, wurde diese von ihm mit den Worten begrüßt: »Schwester, wir wollen beten! Gelobt sei Jesus Christus!«

Um dem Schwerkranken Erleichterung zu verschaffen, ließ die Oberin der Diakonissen im Einverständnis mit dem Chefarzt gegen 21.30 Uhr Pater Titus aus dem vergitterten Krankenzimmer auf das Großherzogliche Krankenzimmer, das sogenannte Fürstenzimmer, bringen, eine Hilfe, für die sich Pater Titus noch bedanken konnte. Doch gegen 23.00 Uhr wurde sein Atem schwächer und langsamer. Die Clemensschwester betete die Sterbegebete und um 23.30 Uhr gab Pater Titus sein Leben ohne Todeskampf in die Hände Gottes.

Die eigens angeordnete Obduktion ergab, dass bereits seit einigen Jahren eine chronische Herzerkrankung bestand, eine unzureichende Pumpfunktion des Herzens aufgrund der geschwächten Muskulatur. Diese körperliche Schwäche, auf die Pater Titus hinsichtlich seiner Arbeit nie Rücksicht genommen hatte, wurde lebensbedrohlich verstärkt durch die psychische Belastung, welche die Haft und der Prozess mit sich brachten. Die ungerechtfertigte Inhaftierung hat wohl wesentlich zur Verschlechterung der Herzleistung und damit auch zur Entwicklung der tödlichen Komplikationen geführt.[247] Die chronische Herzschwäche wurde bei den ärztlichen Untersuchungen durch den Gefängnisarzt nicht erkannt und deshalb auch nicht behandelt.[248] Im Gegenteil: Der Gefängnisarzt sagte aus, Pater Titus sei als gesunder Mann ins Gefängnis gekommen, eine Feststellung, die bei angemessener Untersuchung nicht hätte getroffen werden können.[249]

Für den Gefängnisseelsorger, der Pater Titus in den Monaten zum treuen Begleiter geworden war, bestand am Morgen des Todes die Gewissheit, dass die Last der letzten Wochen abgefallen war und er nun friedlich bei Gott ist.[250]

»Pater Titus ist tot. Wie ein Flüstern und Raunen von etwas Heiligem, so geht es von Mund zu Mund. Eine Trauer, als hätten wir etwas verloren, ist es nicht recht. Denn er hat die Ruhe gefunden, er ist von seiner doppelten Gefangenschaft befreit worden.«[251] – So berichtet die Chronik der Schule und lässt etwas von der Atmosphäre erahnen, die angesichts des Todes von Pater Titus am Kolleg herrschte.

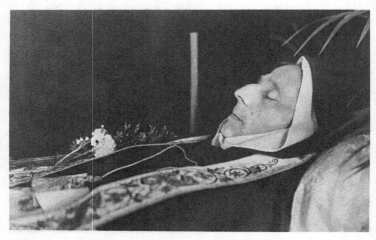

P. Titus wurde in der Kapelle des alten Konvikt-Gebäudes aufgebahrt, wo zahlreiche Menschen von ihm Abschied nahmen. Am 30. Januar 1936 setzte man ihn auf dem Friedhof in Vechta bei.

Er war in der Nacht zum Sonntag gestorben, so dass der Leichnam erst am Montagmittag nach Vechta überführt werden konnte. Man bahrte ihn in der Kapelle des Verlagsgebäudes auf, wo zahlreiche Menschen Abschied nahmen. Schwester Benvenuta erinnert sich: »Es fiel niemandem ein, für Pater Titus zu beten, das Urteil aller war einstimmig: Wir haben einen Fürsprecher im Himmel. Selbst Kinder kamen ohne Furcht zu ihm und an einem Abend, als ich kurz hineinging, stand ein Kleines ganz oben bei seinem Kopf und zeigte ihm ihre Puppe. (…) Immer mehr Gläubige strömten aus und ein und rührten im Vorbeigehen allerlei Gegenstände an ihn an. Jeder wollte eine Reliquie von ihm haben.«[252]

Am 30. Januar 1936, einem Donnerstag, wurde Pater Titus auf dem katholischen Friedhof in Vechta beigesetzt. Zuvor feierte man in der Pfarrkirche St. Georg das Requiem, »schlicht und einfach«, wie die Kollegschronik sagt.[253] Der

Sarg war vom gegenüberliegenden Verlagsgebäude in die Kirche gebracht worden, die St. Georgs-Ritter, eine ortsansässige Bruderschaft, hielt die Ehrenwache, an die achtzig Priester nahmen teil. Da Pater Provinzial Laurentius Siemer noch inhaftiert war, zelebrierte sein Vertreter, Pater Willigis Erren, das Requiem und leitete später auch die eigentliche Beisetzung. Und vor allem: Unzählige Menschen wollten Abschied von Pater Titus nehmen, darunter natürlich die Schüler des Kollegs, die Brüder und Schwestern im Orden und die Familienangehörigen.[254] »Der Leichenzug und die Beerdigung (glichen) mehr einem Triumphzuge als einer Trauerfeier«, so schreibt es die Chronik der Schule.[255]

Schwester Natalia notierte bereits 1936, dass Pater Titus wie ein Heiliger verehrt wurde,[256] eine Einschätzung, die Schwester Clementia teilt: »Wir haben nun im Himmel einen mächtigen Fürbitter am Throne Gottes und ich bin sicher, dass er unsere Bitten, wenn sie zur Ehre Gottes und zum Heile unserer oder anderer Seelen sind, hört und wir stets auf seine Fürsprache rechnen dürfen.«[257]

Das Grab auf dem Vechtaer Friedhof wurde schon bald für viele Menschen ein Ort des Gebetes. Blumen und Kerzen wurden gebracht, viele kamen mit ihren Anliegen und Sorgen.

Reaktionen und weitere Entwicklung

Die Beerdigung wurde von den Nationalsozialisten als Demonstration des christlich-katholischen Selbstverständnisses der Südoldenburgischen Bevölkerung verstanden und die Teilnahme am Begräbnis als Vorwurf gegen das Regime interpretiert – was es neben der hohen Verehrung von Pater Titus auch zweifellos war. Deshalb ergriff die Oldenburgische Regierung Mittel zur Einschüchterung: Es wurden Fotoaufnahmen vom Trauerzug gemacht, um die Teilnehmer später identifizieren zu können. Des Weiteren besuchte nach einiger Zeit Minister Pauly, zuständig für Kirchen und Schulen, Vechta, um die Studienräte und Volksschullehrer, die am Begräbnis teilnahmen, »zurecht zu stauchen«, was wohl bedeutet, dass der Dienstherr den Lehrern drohte.[258]

Dass die Teilnahme an der Beerdigung für manchen harte Konsequenzen hatte, zeigt der Fall des Oberpostmeisters Peters. Dieser wurde schon am 22. Februar 1936 von Vechta nach Stettin strafversetzt, da er »durch die Teilnahme an der Trauerfeier (...) sein Mitgefühl für den Verstorbenen trotz dessen Verbrechen gegen den nationalsozialistischen Staat öffentlich bekundet und sich in Gegensatz zur Gemeinschaft des deutschen Volkes gestellt (hat), das Devisenschiebungen auf das Schärfste verurteilt.«[259]

Den Vorwürfen der Sonderstaatsanwaltschaft, man habe sowohl das Begräbnis von Pater Titus als Protest gegen den Staat organisiert als auch in den Bettelbriefen der Dominikanermission den Verstorbenen zum Märtyrer stilisiert[260], widersprach Pfarrer Hermes in einem mutigen Kanzelwort. Mutig deshalb, weil es zwar einerseits betont, dass die Teilnahme an der Beisetzung in keiner Weise gegen die Regierung interpretiert werden dürfe, aber andererseits genau dies deutlich machte: dass die Devisenprozesse und eine Verunglimpfung von Pater Titus und Pater Laurentius Unrecht waren – und dass damit die Anteilnahme der Bevölkerung eben doch eine Kritik am staatlichen Vorgehen war.[261]

Offenbar wies der Rechtsanwalt von Pater Titus auf unzureichende medizinische Betreuung hin, was das Reichsjustizministerium dazu veranlasste, entsprechende Aufklärung von Seiten des Staatsanwaltschaft in Oldenburg zu bekommen. Dieses wurde veranlasst und der zuständige Gefängnisarzt, Dr. Reuter, schrieb einen Bericht.[262] Die genaue Nachfrage von Seiten der Regierung ist sicher auch ein Hinweis darauf, dass die Nazis dem aufkommenden Gerede vom Märtyrertod den Boden entziehen wollten. Dann wären die amtlichen Recherchen nicht so sehr der Sorge um rechtsstaatliches Vorgehen geschuldet als vielmehr der Absicht, jeden negativen Verdacht gegen den Staat und jeden Gedanken an einen katholischen Märtyrer abzuwehren.

Bereits im März 1936, also zwei Monate nach seinem Tod, wurden Erinnerungen an den Verstorbenen aufgeschrieben. Das widerspricht einer späteren Meinung, Pater Titus sei später gleichsam als stellvertretende ›Entschuldigung‹ der Südoldenburger zum Nazi-Gegner und zum Opfer des Regimes hochstilisiert worden. Die Verehrung setzte sehr früh ein und bezog sich – auch wenn die Verhaftung eines solchen Mannes wie auch der anderen Geistlichen von den Menschen zu Recht als Willkürakt gesehen wurde – auf die überzeugende Haltung der Liebe, mit der Pater Titus den

Überführung in die Dominikanerkirche Füchtel am 2. Mai 1954

Menschen begegnet war und die sie bei ihm in der Seelsorge spürten.

Pater Titus war eine Persönlichkeit, die offensichtlich in Gott verwurzelt lebte und von dort her den Menschen begegnen konnte. Man sah ihn als einen »Heiligen« an, eine Bezeichnung, die auf dem Hintergrund sehr selbstverständlicher Glaubenspraxis und Glaubensgewissheit weit weniger exklusiv gemeint war, als Menschen unserer Zeit dies hören mögen. Man versuchte damit wohl auszudrücken, dass Pater Titus in seiner Lebenspraxis ein Mann Gottes war, ein Mann des Gebetes, des Gottvertrauens und einer spürbaren Fürsorge. Er lebte dabei mit den Menschen, war präsent in deren Alltag, war ansprechbar, war einer von ihnen. Offensichtlich fühlten sie sich mit ihren Alltagssorgen und Fragen bei ihm gut aufgehoben: Es kümmerte ihn, wie es den anderen ging, was sie taten und was sie bewegte, ob sie Not litten oder ob das Leben erträglich war. Ein Mann Gottes eben, ein Ordenspriester, der aus seinem Gottvertrauen anderen diese unbedingte Zuwendung Gottes konkret erfahrbar machte.

Unmittelbar nach seinem Tod in Oldenburg drückten die Menschen ihre Wertschätzung für ihn aus. Dafür ist die zahlreiche Teilnahme an der Beerdigung ebenso Zeugnis wie die Besuche an seinem Grab auf dem Friedhof in Vechta.

1948 gab man diesem tiefen Vertrauen gegenüber Pater Titus von Seiten der Kirche einen offiziellen Ausdruck, indem man in Münster das Verfahren zur Seligsprechung eröffnete. Es sollte durch sorgfältiger Prüfung das offiziell festgestellt und erklärt werden, was sich in der Verehrung und der Gebetsbitte zeigte: dass Pater Titus aus der Liebe Gottes lebte, einer Liebe, die auch über den Tod hinaus hält und Leben

Der lange Zug mit dem Sarg führte durch die Innenstadt von Vechta, Tausende nahmen an diesem Ereignis teil.

gibt. Viele Menschen wurden nach ihren Begegnungen mit Pater Titus befragt, nach ihren Erinnerungen und Einschätzungen, die sich mit dieser Gestalt verbinden und die im Gedächtnis geblieben sind. Viele haben hier Auskunft gegeben, Schwestern und Brüder aus dem Dominikanerorden ebenso wie Familienangehörige, ehemalige Schüler genauso wie Menschen, die ihm während seiner Haftzeit begegnet sind. Vor allem aber finden sich Zeugnisse von Frauen und Männern, denen Pater Titus in der Beichte, als Prediger, im Gespräch oder in persönlichen Notzeiten als Seelsorger begegnet war. All diese Dokumente zeichnen die Persönlichkeit von Pater Titus nach und zeigen in der Erinnerung, dass er ein Mann war, der aus und in Gottes Liebe gelebt hat und so das zeigte, was als Leitgedanke über seiner Biographie

In einer Gruft vor dem Altar der Dominikanerkirche wurde Pater Titus erneut beigesetzt. Der Bischof von Münster, Michael Keller, leitete die Feier, an der auch Pater Laurentius Siemer teilnahm (links hinter dem Bischof zu sehen), der als einziger den Devisenprozess gegen die Dominikaner überlebt hatte.

Das Grab von P. Titus in den 1960er Jahren. Die Kirche wurde erst nach dem Krieg erbaut und 1981 grundlegend renoviert.

stehen kann: dass Gott die Liebe ist, die konkret werden will im Leben der Menschen.

Am 1. Mai 1954 wurden die sterblichen Überreste dem Grab entnommen, genauestens dokumentiert und in einem neuen Sarg beigesetzt, jetzt aber in der Kirche der Dominikaner in Füchtel. Die Umbettung am 2. Mai 1954 war ein festliches und beeindruckendes Ereignis für den Orden und für die Stadt Vechta, an dem Zehntausende teilnahmen. In den Jahren danach fanden Menschen immer wieder den Weg zu seinem Grab in der Dominikanerkirche – und auch wenn heute nicht mehr die großen Titus-Tage gefeiert werden, so kommen sie doch mit ihren Sorgen und Beschwernissen, um sie Pater Titus vorzutragen, um seine Fürbitte zu erflehen oder an seinem Grab Danke zu sagen. Auch heute, fast achtzig Jahre nach seinem Tod, suchen Menschen einen Zugang zu seiner Person und fragen dabei, was er ihnen von Gott erzählen kann. Sicher dies: dass wir uns Gott jederzeit ganz anvertrauen dürfen, auch und gerade in den schweren, belasteten Zeiten des Lebens.

Nachwort
Pater Titus und wir

Die letzten Gedanken führen hinüber in unsere Zeit. Auch heute finden zahlreiche Menschen den Weg zum Grab von Pater Titus in der Dominikanerkirche von Füchtel, an den Ort also, der mit seinem Wirken eng verbunden ist. Spaziergänger gönnen sich einen Moment der Ruhe und Einkehr, Gläubige feiern hier jeden Tag die Eucharistie, die Konventsgemeinschaft der Dominikaner findet sich in der Kirche zusammen zum gemeinsamen Gebet, ebenso die Schulgemeinschaft des Kollegs St. Thomas, wenn sie im Laufe des Jahres Gottesdienste feiert. Pater Titus ist gewissermaßen mit dabei, er ist dazwischen, er ist einer von all denen und ist ihnen als solcher auch heute treuer Begleiter.

Treue Wegbegleitung – darauf verlassen sich all diejenigen, die mit ihren Anliegen und Sorgen zum Grab von Pater Titus kommen. Ihnen, so dürfen wir annehmen, gilt in ihren kleinen und großen Beschwernissen die Frage von Pater Titus, die so charakteristisch für ihn war: »Was kann ich für Sie tun?« Menschen spüren, dass es ein guter Ort ist, an dem diese Frage mit einem Gesicht, mit einer Lebensgeschichte verbunden werden kann. Sie spüren, dass es die Frage Jesu ist, die er im Evangelium denen stellt, die mit ihrer Lebenslast zu ihm kommen: »Was soll ich dir tun?« (Lk 18,41).

So führt Pater Titus zu Christus, er macht dessen Einladung verständlich, sich doch Gott anzuvertrauen, sich ihm zu überlassen, sein Leben immer mehr von Gott formen zu lassen. Darum geht es ja letztlich, wenn Menschen Zuflucht bei jemandem suchen, den sie einen Seligen oder Heiligen nennen: Dass sie sich darin ermutigt fühlen, ihr Leben von Gott her zu verstehen, Vertrauen zu lernen in die Liebe, die Gott ist und die Gott jedem Menschen zuspricht, dieses sogar über den Tod hinaus. So ist es ein sehr schönes Zeichen, dass sich das Grab von Pater Titus in einer Kirche befindet, an einem Ort also, wo sich Menschen in der Eucharistie dieser unwiderruflichen Liebe Gottes erinnern, wo diese nahrhafte Gegenwart wird und wo wir an ihr teilhaben können, um uns von diesem Geheimnis innerlich umgestalten zu lassen in Gott vertrauende und die Welt liebende Persönlichkeiten.

Pater Titus ist uns beispielhafter Weggefährte. Er kann mit seiner Lebenserfahrung und seiner ganz eigenen Glaubensgeschichte den Menschen auch heute manches sagen und hilfreich mit auf den Weg geben. Sein Weg kann Anregung sein, den eigenen Glauben zu leben und das Vertrauen in Gottes Liebe zu vertiefen.

Pater Titus war zuerst und vor allem anderen ein Mann des Gebetes, ein Mensch, dessen Leben in ständiger Zwiesprache mit Gott stand. Alltägliche Aufgaben und Gebet gingen ineinander über und durchdrangen sich gegenseitig, so dass das Leben erfüllt war von dem Wissen um Gottes Liebe und zugleich das Gebet erfüllt von den Themen des Alltags. Er ahmte darin den heiligen Dominikus nach, von dem es heißt, dass er immer mit Gott und von Gott sprach. Sein Leben war ein Dialog und in dieses Gespräch bezog er durch sein zugewandtes Leben und seine Predigt andere mit ein.

Dabei zeigt uns Pater Titus, dass solch ein Leben, das um die Gegenwart Gottes weiß, nicht wie von selber gelingt. Es braucht Übung, es braucht Treue und Zuverlässigkeit, es

Das Grab von Pater Titus in der Dominikanerkirche in Vechta ist auch heute ein Ort, an dem viele Menschen ins Gebet finden und den freundlichen Pater um Hilfe bitten.

braucht auch Disziplin. Gebetsleben wird häufig missverstanden als das Lernen von Techniken, als verfügbare Rezeptur zur Veränderung der Wirklichkeit. Sich hineinfinden, hineinhören in die Gegenwart Gottes – das ist nicht leicht im Vielerlei des Alltags. Wo finden wir Orte und Zeiten, in denen wir ins Schweigen kommen, in denen wir uns sammeln und konzentrieren können? Und auch wenn uns solche Orte und Zeiten zur Verfügung stehen, braucht es die bewusste Entscheidung, diese auch zu nutzen. Es braucht die Entscheidung zum Still-Werden, es braucht die Entscheidung und die Disziplin, sich bewusst Gott zuzuwenden. Und selbst wenn man es von ganzem Herzen will, machen doch alle Menschen die Erfahrung, dass es manchmal mühsam wird, dass es Durststrecken gibt, dass die Entscheidung sehr leicht versandet und zerrinnt in den Belastungen oder den Unregelmäßigkeiten des Alltags. Dann nicht aufzugeben, diesen Erfahrungen zum Trotz wieder ins Gebet zurückzufinden, treu im Gespräch zu bleiben mit Gott – das braucht viel Geduld, braucht Übung und braucht Barmherzigkeit mit sich selbst.

Aus heutiger Perspektive könnte man vorschnell meinen, Pater Titus habe es leicht gehabt in seinem Bemühen um ein tragendes, geistliches Leben, um eine erfüllende Spiritualität: als Ordensmann mit regelmäßigen Gebetszeiten; als Mensch in einer sehr viel ruhigeren Zeit als der unseren; nicht zuletzt als Mitglied einer Familie, die selbstverständlich ihren Glauben praktizierte. Heute braucht es sehr viel mehr innere Anstrengung, bewusste Entscheidungen, um sich eine tragende, prägende Spiritualität zu erarbeiten. Es braucht dabei nicht ein umfangreiches Gebetspensum, nicht Quantität ist entscheidend, sondern es braucht die Regelmäßigkeit. Bewusst eine Zeit des Schweigens und der Ruhe zu suchen und zu pflegen – sei es zu Hause, in der Natur, in einem Kirchenraum –, macht sensibel für das Leben und aufmerksam für das Wort Gottes. Den Morgen mit seinen Erwartungen und Hoffnungen an den Tag, den Abend mit seinem Dank und seinen Unfertigkeiten in die Gegenwart Gottes zu stellen, alles in seine Hände zu legen – nur kurz, aber regelmäßig –, macht dankbar und gelassen in der Erinnerung daran, dass nicht alles an mir selbst liegt.

Pater Titus lädt uns mit seinem gesamten Lebensbogen ein, uns formen zu lassen in einer solchen Konzentration auf Gott hin, in der stetigen, treuen, disziplinierten Rückbindung an ihn. Das braucht Zeit und es braucht unser Mittun, es braucht Aufmerksamkeit und zugleich Gelassenheit.

Ein zweiter Gedanke, der die erste Anregung noch etwas weiter entfaltet: Pater Titus führte ein Leben, in dem ihn unterschiedliche Aufgaben und Menschen in Anspruch nahmen. Es war ein sehr vielfältiges Leben, das ihn manchmal an den Rand seiner Kräfte gelangen ließ. Darin ist er vielen Menschen unserer Tage nicht unähnlich, die ebenfalls von vielen unterschiedlichen Bezugspunkten und Aufgaben in Anspruch genommen werden. Wohnort und Arbeitsplatz sind meist getrennt voneinander; dass Menschen ihre Familie oder gute Freunde aus beruflichen Gründen nur am Wochenende sehen können, ist keine Seltenheit. Mobilität und Flexibilität sind möglich, aber sie sind auch von allen gefordert, manchmal gnadenlos – und nicht jeder kann mit einem so rasanten Leben mithalten. Handy und Internet ermöglichen schnelle Kommunikation, aber sie bringen neben der Erleichterung auch höhere Ansprüche, denn wenn man schon so schnell kommunizieren kann, dann erwartet man auch von jedem jederzeit eine schnelle Antwort und Bearbeitung. Die Familie, früher ein Ort gewisser Stabilität, ist heute oft zerrissen und verlangt ein hohes Maß an Organisation und Kompromissbereitschaft. Viele Menschen erfahren ihr Leben als uneins, als zerfasert, ohne Zentrum und inneren Zusammenhalt. Sie fühlen sich eher von außen gelebt als dass sie selbst das Vielerlei gestalten und von innen her mit Leben füllen. Was macht daraus ein Ganzes? Wo findet ein so hektisches Leben seinen Bezugspunkt, seinen Halt, seinen inneren Kern? Das Leben von Pater Titus zeigt, dass man all den Anforderungen des Alltags nicht entkommen kann und dies auch nicht unbedingt soll. Aber es braucht eine Bezugsgröße – und die war für ihn Gott, vor den er sich im Gebet ausdrücklich stellte –, damit das Leben nicht zerfasert. Vor Gott, auf ihn hin, können wir uns zentrieren, ausrichten, sammeln. Er gibt dem Bruchstückhaften einen Zusammenhalt und das kann dem Menschen Ruhe und Zufriedenheit schenken.

Die vielen Aufgaben und Lebenssituationen (Krankheiten, Haftzeit) wurden Pater Titus aufgetragen, sehr häufig auch zugemutet. Für ihn waren sie immer der Platz, an dem er das Heil finden konnte. Auch wenn die ihm übertragenen Verantwortlichkeiten nicht seinem Wunsch und seinem Grundcharakter entsprachen, auch wenn die Zeit im Gefängnis unendlich viel Kraft erforderte – für Pater Titus waren es Situationen, in denen er sich in Gottvertrauen üben konnte und so seine Gottesbeziehung stärkte. Sie führten ihn in die Entscheidung, sich ganz Gott zu überlassen und alles von ihm zu erwarten. Dieses Gottvertrauen lernen zu können war für ihn Gnade – und deshalb waren auch die Monate der Haft in seinen Augen eine Gnadenzeit. So schrieb er etwa: »Der liebe Gott ist so gut, er ist der beste Seelenführer. Er weiß mich so richtig zu nehmen, mir zu geben, was mir fehlt, zu bessern, was krank, zu stärken, was zu schwach und weichlich ist in meinem Charakter und damit auch im Streben zu Gott ist. Nun muss ich mich ganz Gott hingeben, seinem Einwirken kein Hindernis setzen und da müssen Sie mir alle helfen durch ihr Gebet.«[263]

Wie viele Menschen erleben heute den ›Platz‹ ihres Lebens eher als zu diktiert denn als frei gewählt? Wie viele Menschen sehen sich überfordert mit den Aufgaben und Erwartungen, die andere an sie stellen, als zu ›schwach‹ und zu ›weichlich‹? Das Gefühl, das Eigentliche des Lebens zu verpassen, mehr von anderen gelebt zu werden als selbst zu leben – dieses Gefühl, das aus manch bedrängender Erfahrung erwächst, kennen viele: Wenn sie sich etwa bis zur Erschöpfung um kranke Familienangehörige kümmern und dieser Pflege alle eigenen Wünsche und Bedürfnisse unterordnen; wenn der Arbeitsplatz immer dominanter wird, immer mehr Kraft und Zeit fordert und zugleich keine Zufriedenheit und Freude schenkt; wenn eine Krankheit das Leben mehr und mehr bestimmt und alles, was man sich erhofft und ersehnt, zu erdrücken droht; wenn Menschen sich überfordert sehen von den Ansprüchen, die die Erziehung der Kinder oder die Sorge um den eigenen Betrieb mit sich bringen.

Pater Titus bittet uns, solche »Lebensplätze«, solche Situationen nicht als vergeblich, nicht als sinnlos anzusehen, sondern als Orte, an denen die Gnade Gottes wirkt und entdeckt werden kann. Damit bringt er jeder Situation eine tiefe innere Wertschätzung entgegen. Den Sinn des Lebens und den Reichtum der Liebe Gottes spürt nicht nur derjenige, der nach dem oft unbefragten Diktat der unabhängigen Freiheit selbst bestimmt, sondern auch der, der sich aus Notwendigkeit, aus Verantwortungsbereitschaft, aus Liebe in Zwänge hinein begibt. Denn der Sinn des Lebens mit all seinen unterschiedlichen Situationen und Gegebenheiten wird geschenkt von Gott, der die innere Freiheit gegenüber dem offensichtlich Unabänderlichen gibt, eine Freiheit, die es freilich im Glauben zu entdecken gilt.

Und mehr noch: Zwar vermittelt uns unser Lebensgefühl den Eindruck unbeschränkter Mobilität, den Eindruck von flexiblen Arbeitsoptionen, Beziehungen und Weltsichten, von den Reisemöglichkeiten und wechselnden Wohnorten ganz zu schweigen. All das ist heute realisierbar, es wird aber auch zugemutet. Doch wie viele Menschen gibt es, die nicht mobil und flexibel sind, sondern fixiert, festgelegt, festgenagelt auf eine Lebenssituation, die nicht gewollt und ausgesucht wurde, die schwer zu ertragen und manchmal sogar ein Kreuz ist.

Bei schweren Straftaten sehen wir zu Recht und mit Anteilnahme die Opfer, oft erschrocken darüber, wie ein solches Verbrechen möglich war. Erschrecken gibt es aber auch auf Seiten der Täter: ein Erschrecken vor sich selber. Nun müssen sie mit der Schuld leben, mit einer Schuld, die erdrückt und festlegt, die sich nicht abschütteln oder wegerklären lässt. Womöglich ist das Gefängnis, die kleine Zelle nun ihr Platz. Kann auch ein solcher Ort, eine solche festlegende Situation ein Ort der Gnade sein? Ein Ort, an dem man tief im Herzen wieder zurückfindet in die Gemeinschaft Gottes, in die Vergebung, die trotzdem Liebe schenkt, trotz des Bösen, trotz der Schuld, die das Leben belastet?

Flexibel und mobil – für zahlreiche Menschen ist dies rein körperlich nicht möglich. Wie viele gibt es, die ans Bett gefesselt leben, denen Gebrechlichkeit und Krankheit jede Beweglichkeit verbieten? Davon können Menschen im hohen Alter genauso betroffen sein wie Jugendliche, die etwa nach einem Unfall querschnittsgelähmt in allen Belangen des Lebens auf Hilfe angewiesen sind. Als der Wettkandidat Samuel Koch im Dezember 2010 in der Unterhaltungssendung ›Wetten dass‹ verunglückte und seitdem fast unbeweglich im Rollstuhl sitzen muss, bekam ein breites Publikum öffentlich mit, was im privaten Kreis von Menschen immer wieder geschieht: dass von einer Sekunde auf die andere ein Lebensentwurf zerbricht. Dass ein Mensch von einer Sekunde auf die andere gelähmt ist, eben nicht mehr flexibel, sondern festgeschnallt auf einen sehr kleinen Ort, der nun der Platz des Lebens sein soll.

Mobil und flexibel – das sind viele Menschen nicht. Pater Titus ruft in Erinnerung, dass der Platz, an den man freiwillig oder gezwungen gestellt ist, ein Ort, eine Situation werden kann, wo die Gnade Gottes spürbar wird. Und wenn die Situation noch so festgefahren scheint, perspektivlos und eintönig, so ist es doch nie eine Situation, die aus der Liebe und der Begegnung Gottes herausfällt. Sie ist nicht sinnlos, sondern eine ganz eigene, zutiefst persönliche Weise, das Getragen-Sein von Gott her zu erschließen.

Pater Titus war kein perfekter Mensch, so wie alle Heiligen der Kirche keine perfekten Menschen sind. Der Unterschied zu anderen besteht darin, dass Heilige um ihre Grenzen und ihre Schuldfähigkeit wissen – und darum ihr Geworfen-Sein auf Gott ehrlicher sehen und als gnadenvoll wertschätzen können. So war Pater Titus ein jähzorniger Mensch und mancher geriet mit ihm heftig aneinander. Doch er wusste um diese Schwäche, er litt unter ihr, und so mühte er sich aktiv darum, diesem Jähzorn nicht nachzugeben.

Es schlummert immer auch das Böse in uns: der Neid, die Trägheit, der Zorn, der Egoismus. Oft erleben Menschen sich hin und her gerissen zwischen dem Guten, das sie wollen, und dem Bösen, welches sie dann doch zu beherrschen scheint. Pater Titus erinnert an einen ehrlichen Blick auf die eigene Person, auf die dunklen Seiten des eigenen Charakters – und er ermutigt, einer überheblichen Selbstgerechtigkeit mit Vorsicht zu begegnen und mit Energie und Anstrengung um die Überwindung oder Eindämmung der bösen Kräfte zu kämpfen.

Wir sind heute versucht, das Schlechte und Böse auf äußere Umstände, auf anonyme Strukturen oder auf die anderen Menschen zu schieben. Manch gewachsene Sensibilität und kritischer Blick auf strukturelle Gegebenheiten haben dabei ohne Frage ihre Berechtigung. Aber es darf nicht dazu führen, dass der Einzelne jede Verantwortung für sich und sein Handeln an eine anonyme Größe abgibt oder auf andere abschiebt.

Letztlich hat eine solche Haltung Folgen für das Verständnis vom Menschen, der eben die Möglichkeit hat, verantwortlich mitzugestalten. Diese Freiheit, diese Selbstbestimmung ist ein hohes Gut, das mit Anstrengung verbunden ist, so wie jede Form der Verantwortung auch Arbeit und Kraft kostet. Aber sich davon loszusagen heißt letztlich, den Menschen an einem ganz entscheidenden Punkt nicht ernst zu nehmen, ihm weniger zuzutrauen, als Gott selbst es offenbar tut.

Ein letzter Gedanke soll diese kleine Schrift abschließen, die versuchte, uns Pater Titus näherzubringen. Er zeigt in allem, was er erlebt und getan hat, sicher keine außergewöhnliche Biografie. Sorgen und Arbeitsbelastungen, Krankheit, das nicht immer spannungsfreie Zusammenleben mit anderen Menschen, ja auch Verleumdung und Ungerechtigkeit bis an die Grenze des Erträglichen kennen viele Menschen. Was Pater Titus auszeichnet, war die Gabe, in alledem offen zu bleiben für die anderen, offen zu bleiben für die Freundlichkeit Gottes, die er großzügig weitergab. Die Frage »Womit kann ich Ihnen behilflich sein? Was kann ich Ihnen Gutes tun?« ist eine zunächst alltägliche Frage. Bei Pater Titus wurde sie aber nie zur Floskel, sondern blieb sein Lebenskonzept, seine Lebenshaltung allen gegenüber, mit denen er zu tun hatte. Und so finden wir bei ihm keine Bitterkeit und keinen Egoismus. Er hielt sein Herz trotz mancher Verdunkelungen in seinem Leben immer weit für die anderen. Und genau das ist es: die Haltung der Liebe, die wir an ihm glaubwürdig erleben dürfen und in der uns Pater Titus die treue, freundliche Zuwendung Gottes zeigt, von der er selbst zutiefst überzeugt war.

Biographische Daten

9. August 1882	Geboren in Elberfeld (heute Wuppertal)
15. August 1882	Empfang der Taufe
1893–1896	Besuch des Collegium Albertinum der Dominikaner in Venlo
1896	Schüler des Leipziger Thomas-Gymnasiums
7. März 1902	Abitur, anschließend Studium an verschiedenen Universitäten im In- und Ausland (Grenoble, Leipzig, Münster, London und Bonn)
1903	Franz Horten besucht zum ersten Mal Vechta und macht ein Angebot an den Orden zum Landkauf und zum Bau eines Freibades in Füchtel
1909	Erwerb des Doktortitels der Philosophie an der Universität Bonn
28. August 1909	Einkleidung und Beginn des Noviziates in Venlo
28. August 1910	Einfache Profess in Venlo
1910–1913	Studium der Philosophie in Düsseldorf
28. August 1913	Ewige Profess in Venlo während des Generalkapitels des Ordens
1913–1915	Studium der Theologie in Rom
27. Februar 1915	Priesterweihe in Rom
1915–1917	Fortsetzung des Theologiestudiums in Düsseldorf, Sanitäter im dortigen Lazarett
1917	Versetzung in den Konvent in Vechta, dort Lehrer am St. Joseph-Konvikt (bis 1921)

1918–1920	Prokurator des Vechtaer Konventes (auch 1921–1927)
1918	Beichtvater an der Pfarrkirche St. Georg (bis 1935)
1920	Beichtvater der Dominikanerinnen in Vechta (bis 1935)
1921	Spiritual der Kollegsschüler (bis 1935)
1921	Prokurator des Vechtaer Konventes (bis 1927)
1924	Schwere Erkrankung von Pater Titus
1925	Leiter des Albertus-Magnus-Verlages (bis 1936)
1925	Pater Titus wird Prokurator der Provinz für die Mission in China (bis 1936)
3. August 1925	Pater Timotheus Horten stirbt in Oldenburg
29. Januar 1927	Pater Titus wird Prior des Konventes in Vechta (bis zum Ende einer zweiten Amtszeit am 02. Februar 1933)
Februar–Mai 1927	Schwere Erkrankung von Pater Titus, Kuraufenthalt
September 1932	Pater Laurentius Siemer wird als Nachfolger von Pater Thomas Stuhlweißenburg zum Provinzial gewählt
17. November 1932	Pater Titus wird in Walberberg zum Prior postuliert, lehnt aber ab
20. Januar 1933	Pater Titus wird im Kölner Konvent ›Heilig Kreuz‹ zum Prior postuliert, lehnt aber ab
1933	Pater Titus wird zum Direktor des Dritten Ordens in Vechta ernannt
Februar 1933	Pater Titus wird Brüdermeister, ist also verantwortlich für die Ausbildung der Laienbrüder in Vechta
September 1933	Pater Placidus Wehbrink wird als Rektor der Schule eingeführt, als Nachfolger von Pater

	Reginald Weingärtner; Konrektoren werden Pater Thaddäus Roth und Pater Aurelius Arkenau
24. September 1934	Pater Titus wird in Düsseldorf zum Prior gewählt, lehnt aber ab
8. Mai 1935	Verhaftung
11. Mai 1935	Beginn der Untersuchungshaft in Oldenburg
4. November 1935	Verurteilung zu zwei Jahren Gefängnis und einer hohen Geldstrafe
11. November 1935	Berufungsklage
13. Januar 1936	Überführung ins Peter-Friedrich-Ludwig-Hospital
19. Januar 1936	Pater Titus empfängt die Sterbesakramente
25. Januar 1936	Pater Titus stirbt in Oldenburg
27. Januar 1936	Obduktion und Überführung des Leichnams nach Vechta
30. Januar 1936	Beerdigung auf dem katholischen Friedhof in Vechta
31. Januar 1936	Freispruch für Pater Laurentius Siemer in Oldenburg
20. Juli 1948	Eröffnung des Seligsprechungsprozesses in Münster
04. Oktober 1950	Abschluss des »Schriftenprozesses«
24. April 1953	Abschluss des »Informativprozesses«
15. Mai 1953	Eröffnung des Seligsprechungsprozesses in Rom
2. Mai 1954	Umbettung der sterblichen Überreste von Pater Titus in die Dominikanerkirche in Vechta
1984 / 1985	Ergänzungsprozess in Münster
20. Dezember 2004	Positiver Abschluss des Tugendprozesses (»processus super virtutibus«) durch Papst Johannes Paul II. in Rom

Das Kolleg St. Thomas heute. Das von den Dominikanern geführte Gymnasium wird von ca. 700 Schülern besucht.

Anmerkungen

1 Brief von Frau Elisabeth Frundt an Sr. Fabiola Frundt vom 30.01.1936 (Akte B/F1).
2 Heute gehört Elberfeld zur Stadt Wuppertal.
3 Der Vater: Anton Hubert Horten, geb. 5.3.1838, gest. 23.10.1903, die Mutter: Sidonie Sophie Kreuser, geb. 9.7.1849, gest. als Sr. Maria Antonia am 3.8.1923.
4 Die Geschwister waren: Helene Horten, geb. 27.4.1873, gestorben als Franziskanerin am 29.12.1896; Max Horten, geb. 7.5.1874, gest. 2.7.1945; Paul Horten, geb. 4.7.1875, gestorben als Dominikanerpater Timotheus am 3.8.1925; Alfons Horten, geb. 6.12.1876, gest. 29.6.1947; Leo Horten, geb. 1.4.1878, gest. 19.3.1936; Josef Horten, geb. 27.5.1880, gest. 18.1.1957; Johanna Horten, geb. 6.3.1889, gest. als Sacre-Coer-Schwester am 1969.
5 Vgl. Esser, Ambrosius, S.2. Für: Ambrosius Esser, Titus Horten – Biographischer Überblick (Manuskript) (Rom 1992).
6 Vgl. Horten, Johanna. Für: Johanna Horten – Erinnerungen an die Eltern und den Bruder Franz (Akte B/JI).
7 Vgl. ebd.
8 Die Vinzenz-Konferenzen gehen zurück auf eine Initiative des seligen A.F. Ozanams, der 1833 eine Gruppe zum selbstlosen Engagement für Arme und Bedürftige um sich sammelte. In der Gefolgschaft dieser Idee entstanden in Deutschland v.a. nach dem Katholikentag 1848 viele solcher Gruppen ehrenamtlicher Laien, meist angebunden an Pfarrgemeinden oder Hochschulen.
9 Vgl. Esser, Ambrosius, S.4. Terziare waren Männer und Frauen, die sich durch ein Versprechen als Laien einer Ordensgemeinschaft anschlossen. Sie lebten nicht in einem Kloster, sondern gingen ihrem Beruf oder Familienleben nach, wussten sich aber in Gebet und Spiritualität dem jeweiligen Orden verbunden.

10 Vgl. Horten, Johanna.
11 Vgl. ebd.
12 Vgl. ebd.
13 Vgl. Esser, Ambrosius, S. 4.
14 Der Verfasser Christian Scheeben meint damit seine Begegnung mit Titus Horten im Noviziat in Venlo, also in der Zeit zwischen August 1909 und August 1910.
15 Vgl. Scheeben, Christian, Zeugenaussage vom 25.11.1957 (Akte AR/33).
16 Vgl. Esser, Ambrosius, S. 3.
17 Vgl. Horten, Johanna.
18 Vgl. Esser, Ambrosius, S. 5.
19 Vgl. ebd.
20 Vgl. ders, S. 6.
21 Vgl. Horten, Johanna.
22 Vgl. Dr. Johannes Honnef, Brief vom 22.11.1948 (Akte B/H1).
23 Vgl. Horten, Johanna.
24 Vgl. Esser, Ambrosius, S. 8.
25 Vgl. ebd., S. 5.
26 Vgl. Scheeben, Christian, Brief an Pater Prior vom 22.07.1959 (Akte AR/33-Ergänzung).
27 Vgl. Arenhoevel, Otto 1956.
28 Vgl. Soreth, Swidbert 1959. für: Pater Swidbert Soreth OP, Zeugenaussage vom 10.6.1959 (Akte AR/12).
29 Vgl. Esser, Ambrosius, S. 9.
30 Vgl. ebd., S. 8.
31 Vgl. Horten, Johanna.
32 Vgl. Esser, Ambrosius (vgl. pos, vol. II p. 211).
33 Vgl. Buch der Konstitutionen und Ordinationen der Brüder des Predigerordens.
34 Vgl. verschiedene Notizen, undatiert und ohne klaren Zusammenhang im Gefängnis aufgeschrieben.
35 Vgl. Scheeben, Christian, 1959.
36 Vgl. Scheeben, Christian, 1957: »Er (P. Titus) bildete sich auf seinen Studiengang nichts ein und kehrte auch nie den gebildeten und erfahrenen Mann heraus (...) Es ist mir aber nach und nach aufgegangen, dass seine Bescheidenheit durchaus echt war und er dabei vom Novizenmeister uns als Vorbild der

Bescheidenheit hingestellt wurde, wenn er nicht gerade bei uns war.« Christian Scheeben, Zeugenaussage vom 25.11.1957 (Akte AR/33).
[37] Vgl. Bosslet, Carl 1959. für: Pater Carl M. Bosslet OP, Zeugenaussage vom 5.8.1959 (Akte AR/14). Bosslet berichtet, dass Frater Titus abends oft noch lange für den Novizenmeister literarische Arbeiten zu erledigen hatte.
[38] Vgl. Scheeben, Christian, 1957.
[39] Vgl. Esser, Ambrosius, S. 11.
[40] Als Studentat bezeichnet man die Gemeinschaft der Dominikaner, die sich im ersten Theologiestudium befinden.
[41] Vgl. Bosslet, Carl 1959.
[42] Vgl. Christmann, Heinrich 1959. für: P. Heinrich Christmann OP, Zeugenaussage vom 04.07.1959 (Akte AR/13).
[43] Vgl. Scheeben, Christian 1959.
[44] Vgl. Esser, Ambrosius, S. 12.
[45] Vgl. ders, S. 13.
[46] Aus dem Brief von Pater Titus an die Schüler des Konviktes vom 15.9.1935.
[47] Vgl. Scheeben, Christian 1957.
[48] Pater Hyacinthe-Marie Cormier OP (8.12.1832–17.12.1916) stand von 1904 bis 1916 als Ordensmeister dem Dominikanerorden vor. Am 20.11.1994 wurde er von Papst Johannes Paul II. seliggesprochen.
[49] Vgl. Esser, Ambrosius, S. 9f.
[50] Vgl. Brief von Pater Titus an die Mutter Priorin vom 04.08.1935.
[51] Vgl. Brief von Pater Titus an Pater Vikar vom 16.12.1935.
[52] Vgl. Scheeben, Christian 1959.
[53] Vgl. Esser, Ambrosius, S. 14.
[54] Vgl. ders, S. 15f.
[55] Vgl. ders, S. 16.
[56] Füchtel ist ein Ortsteil der Stadt Vechta.
[57] Vgl. Esser, Ambrosius, S. 9 – Die Chronik des St. Joseph-Konviktes berichtet ausführlich: »Im Juni (1903) dieses Jahres war der Assessor Herr Paul Horten (Pater Timotheus), der sich mit dem Gedanken trug, bei uns einzutreten, einige Wochen hier und im Monat Juli folgte ihm sein Bruder Franz (Pater Titus). Beide Brüder zeigten grosses Interesse für das Haus und be-

suchten uns wiederholt. Franz Horten bot, da wir einen kleinen Hof wie den Heuerhof in Venlo suchten, uns an, hier in der Nähe Land zu kaufen und nach unserem Wunsch ein Bauernhaus mit einigen Räumen für unseren Gebrauch zu bauen, das wir dann unter günstigen Bedingungen von ihm pachten könnten. Zugleich übernahm der gute Franz Horten es auch, da das Baden im Sommer mit so grossen Schwierigkeiten und Unannehmlichkeiten für die Schüler verbunden war, auf seine Kosten eine Badeanstalt zu bauen, deren Anlage er P. Pius übertrug.« Vgl. Chronik des Dominikanerkonventes Vechta, S. 14 f.

58 Das Konvikt St. Joseph bestand zunächst bis 1940, als die nationalsozialistische Regierung die Schule schloss, die Räumlichkeiten beschlagnahmte und dort eine »Nationalsozialistische Lehrerbildungsanstalt« einrichtete. Der Konvent der Dominikaner wurde geschlossen und die Mitbrüder mussten Vechta verlassen, auch wenn die Gebäude offiziell im Besitz des Ordens blieben. So konnten die Dominikaner bereits unmittelbar nach Ende des Krieges die Schule wiedereröffnen – nun unter dem Patronat des hl. Thomas als »St. Thomas Kolleg«. Weiterhin wurde das Gymnasium ausschließlich als Internatsschule geführt, bis 1970 auch externe Schüler aufgenommen werden konnten. 1990 wurde das Internat geschlossen, 1994 öffnete sich das Kolleg für evangelische Schüler und seit dem Schuljahr 2005/06 werden auch Mädchen aufgenommen. Heute (2014) werden am Kolleg St. Thomas der Dominikaner in Vechta 720 Schülerinnen und Schüler von 57 Lehrerinnen und Lehrern unterrichtet.

59 Vgl. Esser, Ambrosius, S. 23 – Zunächst ist Pater Titus für die Konventssyndikatur verantwortlich, vom 30. August 1921 an ist er Prokurator für den gesamten Bereich des Konventes und des Konviktes.

60 Vgl. Brief von Pater Josef Keller an Pater Timotheus Horten vom 14.10.1922.

61 Vgl. Brief von Pater Titus an Pater Egbert Pelzer vom 06.11.1926.

62 Vgl. Esser, Ambrosius, S. 24

63 Vgl. Brief von Pater Titus an Pater Egbert Pelzer vom 24.08.1924.

[64] Vgl. Brief von Pater Titus an Pater Provinzial am 19.10.1926. Der Akademiker-Verband befand sich damals noch im Aufbau. Er versuchte, die intellektuellen katholischen Kräfte zu sammeln, zu organisieren und z.B. durch Publikationen gesellschaftlich wirksam werden zu lassen. Damit entstand natürlich eine Konkurrenz zu anderen katholischen Vereinigungen und Orden, die ihrerseits publizierten. Es war wohl nicht nur eine wirtschaftliche Konkurrenz.
[65] Vgl. Scheeben, Christian 1959.
[66] Vgl. Esser, Ambrosius, S. 23.
[67] Vgl. Fischermann, Benvenuta – für: Sr. Benvenuta Fischermann OP, aufgezeichnete Erinnerungen an Pater Titus Horten (Akte B/B4).
[68] Vgl. Scheeben, Christian 1959.
[69] Vgl. Sander, Bernhard – für: Bernhard Sander, Erklärung für die Oldenburgische Landesbank AG vom 18.6.1956 (Akte AR/8).
[70] Vgl. Fischermann, Benvenuta.
[71] Vgl. Pater Hugo Krott OP, Einige Bemerkungen zur Seligsprechung von Pater Titus M. Horten vom 18.1.1949 (Akte B/K1).
[72] Vgl. Esser, Ambrosius, S. 20.
[73] Vgl. Brief von Pater Timotheus Horten an Pater Titus vom 2.4.1921.
[74] Vgl. Esser, Ambrosius, S. 21.
[75] Vgl. ebd., S. 26f.
[76] Vgl. DQZ 12 – für: Ulrich Schulte, Pater Titus Horten OP – Ein Ordensmann im Dritten Reich, in: Thomas Eggensperger, Ulrich Engel (Hg.) Dominikanische Quellen und Zeugnisse Bd. 12 (Leipzig 2008), S. 49.
[77] Aufzeichnungen aus dem Nachlass von Pater Titus aus dem Jahr 1920 oder 1921, zitiert nach DQZ, S. 40. Diese Aufzeichnungen hinsichtlich der Prügelstrafe sind auch vor dem Hintergrund interessant, dass im Kontext der Diskussion um die Missbrauchsskandale, die ja auch die Gewalttätigkeit mancher Erzieher in kirchlichen Einrichtungen thematisierte, immer wieder darauf verwiesen wurde, zur damaligen Zeit sei die Prügelstrafe ein selbstverständliches und unangefragtes Erziehungsmittel gewesen. Die Notizen von Pater Titus sagen etwas anderes, nämlich dass ›Schläge‹ (die ja auch schon etwas

anderes sind als ›Prügel‹) alles andere als selbstverständlich waren und zudem negativ konnotiert wurden. Sie sind das letzte Mittel, das den Jugendlichen nicht beschämen darf.

[78] Vgl. Brief von Pater Timotheus an Pater Titus (undatiert aus dem Jahre 1920 oder 1921).
[79] Vgl. Brief von Pater Casimir Postulka OP vom 17.9.1948.
[80] Vgl. Esser, Ambrosius, S. 27.
[81] Ebd.
[82] Brief von Pater Timotheus an Pater Titus vom 3. April 1921, zitiert nach: DQZ Bd. 12, S. 41. – Dieser Brief zeigt auch das gute Verhältnis der beiden Brüder Horten untereinander und die geistliche Führung, die Pater Timotheus seinem Bruder Pater Titus gegenüber wahrnahm.
[83] Pater Timotheus schreibt dazu am 15. Februar 1922: »Dann die besten Glückwünsche zu deinem Amt als Spiritual. Gott, der dir dies schöne Amt gegeben hat, wird dir gewiss auch die Gnade geben, und St. Josef, der Patron der Schule, und der heilige Dominikus werden dabei helfen. Gewiss werde ich im Gebete an deine Vorträge denken. Das Amt entspricht ganz den Vorschriften der heiligen Kirche (ca. 1358) und wird, wie auch Kardinal Frühwirth mir auf einem Spaziergang versicherte, deshalb von dem des Rektors getrennt, weil die Seelenangelegenheiten von den äußeren Dingen getrennt sein sollen. Es wäre den heutigen fortgeschrittenen Ansichten im Geiste der Kirche nicht entsprechend und mit der Gefahr der Heuchelei verbunden, wenn die Weisungen für das geistliche Leben auch durch äußere Autorität urgiert (schwer leserlich) würden, was leicht, wenn auch unbeabsichtigt, eintreten könnte, wenn ein und dieselbe Person Oberer ist und die innere Seelenleitung hat.« – Zitiert nach DQZ, S. 42 f.
[84] Vgl. Chronik des St. Joseph-Konviktes Vechta, Bd. 1, 02.02.1922.
[85] Vgl. Esser, Ambrosius, S. 28.
[86] Vgl. ebd., S. 29
[87] Vgl. Brief von Pater Titus an Pater Vikar vom 24.5.1935.
[88] Vgl. Bericht von Elisabeth Horten 1959 (Akte BII/H1).
[89] Die Mutter von Pater Titus, Sidonie Horten, trat 1911 in das Kloster der Redemptoristinnen in Moselweiß ein. Als ein Motiv für diesen Schritt kann sicher die Entscheidung von Max

Horten gelten, den Dienst als Priester aufzugeben, für die die Mutter meinte Sühne leisten zu müssen.

[90] Vgl. Bericht von Elisabeth Horten 1959 (Akte BII/H1).
[91] Vgl. Aussage von Elisabeth Horten 1959 (Akte AR/38).
[92] Vgl. Brief von Max Horten an Pater Titus vom 21.03.1923.
[93] Vgl. Brief von Pater Timotheus Horten an Pater Provinzial vom 20.08.1920.
[94] Aus dem Krankenbericht der Heilstätte Neuenkirchen i. O. vom 22.07.1920.
[95] Gemeint sind hier die regelmäßigen Gebetszeiten der klösterlichen Gemeinschaft im Laufe eines Tages.
[96] Brief von Pater Timotheus Horten OP an Pater Provinzial vom 20.11.1920.
[97] Vgl. Soreth, Swidbert 1959.
[98] Vgl. Böhmann, Sadoca – für: Sr. Sadoca Böhmann OP, Über Pater Titus (Akte B/S4).
[99] Vgl. ebd.
[100] Sr. Clemantia Beckmann erzählt in ihren Erinnerungen (1957): »Pater Titus war seinerzeit Prior vom Kolleg in Füchtel, war Generalprokurator der Mission und Direktor des Albertus-Magnus-Verlages. Im Laufe der Jahre vergrößerte sich der Betrieb in der Mission, im Verlag und in der Druckerei und so vermehrten sich auch die Arbeiten für Pater Titus. Hinzu kamen noch die vielen geschäftlichen Reisen, die er unternehmen musste, da die vielen neuen Bestimmungen des Nazi-Regimes dies notwendig machten. Waren Patres im Konvent verhindert, ihre Nebenarbeiten zu besorgen, so übernahm Pater Titus diese. Hochw. Pater Pius, der den Beichtstuhl in der Pfarrkirche zu Vechta inne hatte, wurde plötzlich versetzt, und Pater Titus übernahm den Beichtstuhl selbstverständlich. Der hochw. Pater, der den III. Orden zu betreuen hatte, verreiste öfter für längere Zeit nach Schlesien und wurde zuletzt in ein anderes Kloster versetzt. Pater Titus, der ihn in seiner Abwesenheit immer vertrat, war dann schließlich der Direktor des III. Ordens. – Außerdem wurde er öfter als Exerzitienmeister in den verschiedensten Klöstern gewünscht und wo er einmal war, wurde er wieder verlangt, alle waren für ihn begeistert. So häuften sich die Arbeiten für Pater Titus immer mehr. Ich

kann mich aber nicht entsinnen, ihn auch nur ein einziges Mal aufgeregt, hastig oder ungeduldig gesehen zu haben. Er tat alles mit Ruhe, Besonnenheit, für Gott und mit Gott. Für ihn war die Arbeit Gebet.« (Akte B/C1)

[101] Vgl. Zeugenaussage von P. Laurentius Siemer vom 19.11.1947.
[102] Vgl. Böhmann, Sadoca.
[103] Brief von Pater Titus an Pater Provinzial am 11.08.1925.
[104] Brief von Pater Titus an Pater Swidbert vom 02.10.1935.
[105] Vgl. Chronik des St. Joseph-Konviktes, Bd. 1, 29.1.1927.
[106] Vgl. Esser, Ambrosius, S. 29. Die Amtszeit eines Priors beträgt im Dominikanerorden drei Jahre. Eine Wiederwahl ist möglich, eine dritte Amtszeit in Folge jedoch nicht.
[107] Vgl. nachfolgendes Kapitel 8.
[108] Vgl. Pater Laurentius Siemer OP, Manuskript seiner Erinnerungen, S. 165.
[109] Im Rahmen dieser Biographie steht Pater Laurentius Siemer OP in einem gewissen Gegensatz zu Pater Titus Horten OP. Damit könnte der Eindruck entstehen, als ob die Persönlichkeit oder gar die Lebensleistung von Pater Laurentius negativ beurteilt werden solle. Dem ist sicher nicht so. Gerade durch seine energische und entschiedene Art ermöglichte er als Provinzial (1932–1946) viele Initiativen der Dominikaner in Deutschland: die Gründung der deutschen Thomas-Ausgabe, die Profilierung des Studienhauses Walberberg als »Walberberger Albertus-Magnus-Akademie«, die Herausgabe der Zeitschrift »Die neue Ordnung« (zusammen mit Pater Eberhard Welty OP) oder die Grundidee zur Gründung der »Vereinigung der deutschen Ordensoberen« (heute »Deutsche Ordensoberen-Konferenz«). In der Zeit der nationalsozialistischen Diktatur gelang es ihm, den Orden weitestgehend vor Schaden zu bewahren, ohne sich jedoch mit dem Regime zu arrangieren. Im Gegenteil: Schon sehr bald geriet er mit der Staatsmacht in Konflikt, saß im Zuge der Devisenprozesse lange in Gefängnishaft und musste nach dem Attentat vom 20. Juli 1944 auf Adolf Hitler als Mitglied des Kölner Widerstandskreises wie auch des Kreisauer Kreises lebensbedrohliche Verfolgung überstehen. Die Ordensprovinz Teutonia der Dominikaner ist Pater Laurentius Siemer bis heute zu großem Dank verpflich-

tet, was Klaus-Bernward Springer in seinem Aufsatz zum 50. Todestag von Pater Laurentius in der Zeitschrift ›Kontakt‹ (Nr. 34 / 2006) sehr treffend zum Ausdruck bringt. Der Schluss dieses Aufsatzes sei hier zitiert:»Der umtriebige und mitunter bewusst polarisierende Macher mit seinen vielen Ecken und Kanten wird im Gegensatz zum ›guten Pater Titus‹ nie heilig gesprochen werden. Seine schillernde Persönlichkeit bleibt schwer fassbar. Doch für die Provinz war Siemer ein einzigartiger Glücksfall.«

[110] Vgl. Beckmann, Clementia 1957.
[111] Vgl. Esser, Ambrosius, S. 35.
[112] Vgl. ders, S. 34.
[113] Vgl. Fischermann, Benvenuta – für: Sr. Maria Benvenuta Fischermann OP, Aufgezeichnete Erinnerungen an Pater Titus Horten OP (Akte B/B4)
[114] Vgl. Siemer, Laurentius 1947 – für: Pater Laurentius Siemer OP, Erinnerungen an Pater Titus Horten vom 17.11.1947 (Akte B/S1).
[115] Vgl. Bosslet, Carl 1959.
[116] Vgl. Pater Pius M. Herf OP, Aussagen über den Diener Gottes (Akte B/H2).
[117] Vgl. Brief von Pater Titus an Pater Socius vom 13.6.1931.
[118] Vgl. Esser, Ambrosius, S. 30.
[119] Pos.VolI, Summ., Proc.Ord.Suppl., p. 521 (Esser, Ambrosius, S. 31).
[120] Der Konvent in Walberberg wählte Pater Titus am 17.11.1932, der Konvent in Köln am 20.1.1933. Da Pater Titus als Prior in Vechta gebunden war und eigentlich nicht gewählt werden konnte, spricht der Orden hier von einer Postulation, welche aber eine noch deutlichere Wahlmehrheit (Zwei-Drittel-Mehrheit) erfordert.
[121] Die Wahl des Düsseldorfer Konventes war am 24.9.1934.
[122] Vgl. Chronik des Dominikanerkonventes Vechta, 17.08.1931, S. 255.
[123] Vgl. Brief von Pater Titus an Pater Karl Bosslet vom 27. Januar 1932.
[124] Vgl. Scheeben, Christian 1957.
[125] Vgl. Beckmann, Clementia 1936.

[126] Vgl. Bosslet, Carl 1959.
[127] Vgl. Horten, Johanna.
[128] Vgl. Esser, Ambrosius, S. 32.
[129] Vgl. ebd.
[130] Vgl. Pos. vol. II p. 209.
[131] Vgl. Brief von Pater Titus an Pater Swidbert Soreth vom 2.9. 1932.
[132] Vgl. Bosslet, Carl 1959.
[133] Vgl. Scheeben, Christian 1959.
[134] Vgl. Siemer, Laurentius 1947.
[135] Vgl. Böhmann, Sadoca.
[136] Vgl. Brief von Pater Titus an Mutter Priorin vom 4.8.1935.
[137] Vgl. Brief von Pater Titus an seine Schwester Johanna vom 10.07.1935.
[138] Vgl. Beckmann, Clementia 1936 – für: Sr. Clementia Beckmann OP, Aufgezeichnete Erinnerungen an Pater Titus Horten vom 09.07.1936 (Akte B/C2).
[139] Vgl. Esser, Ambrosius, S. 43.
[140] Brief von Pater Titus an den Vicarius Provincialis in der Chinamission am 04.02.1932.
[141] Vgl. Esser, Ambrosius, S. 39.
[142] Vgl. Brief von Pater Titus an die Schwestern im Missions-Büro vom 24.08.1935.
[143] Vgl. Brief von Pater Titus an Bruder Stanislaus vom 02.07.1931.
[144] Vgl. Brief von Pater Titus an Pater Hilarius vom 03.02.1932.
[145] Vgl. Brief von Pater Titus am 28.09.1926.
[146] Vgl. Fischermann, Benvenuta.
[147] Vgl. Brief von Pater Titus an Johanna Horten vom 03.09.1935.
[148] Vgl. Brief von Pater Titus an die Missionsschwestern am 22.09.1935.
[149] Vgl. Karl Rahner, Vom Beten heute, in: Geist und Leben 42 (1969), S. 6–17, hier S. 8.
[150] Vgl. Brief von Pater Titus an Pater Karl Bosslet (vicarius Provincialis in China) vom 27.01.1932.
[151] Vgl. Brief von Pater Titus an Pater Karl Bosslet vom 05.05.1933.
[152] Vgl. Esser, Ambrosius, S. 23. Man muss hier ergänzend festhalten, dass die Kollegschronik überhaupt recht unpolitisch ist

und das Geschehen im Reich kaum nennt, geschweige denn kommentiert. Aus den Äußerungen der Mitbrüder, den wenigen Bemerkungen in den Chroniken und im Wissen um die politische Haltung des Katholizismus dieser Zeit kann man aber sagen, dass das Kolleg politisch eher ›rechts‹ dachte, dem Zentrum nahe stand und später, nach 1930, den Deutschnationalen. Die Sozialdemokratie wird eher bespöttelt. (Vgl. DQZ Bd. 12, Anmerkung 39).

[153] Vergleiche dazu: Pater Ulrich Schulte, Mentalität und Mentalitätswandel der Kollegianer in den zwanziger Jahren des 20. Jahrhunderts, dargestellt an Hand der Schülerchronik von 1921 bis 1932, in: 100 Jahre Dominikaner in Vechta – Festschrift zum Jubiläum (Vechta 2002), S. 79–95.

[154] Vgl. Brief des Pater Titus an die Schüler des Konviktes vom 12.07.1935. Wenn man nun diese Zeilen vor dem Hintergrund der damaligen Propaganda liest, in der ja häufig von der ›neuen Zeit‹ die Rede war und diese der ›Bewegung‹ unter dem ›Führer Adolf Hitler‹ anbrechen sah, so kann man die Worte von Pater Titus durchaus als Opposition und politische Äußerung verstehen, freilich auf eine Weise, die ihm als geistlichem Menschen entsprach.

[155] Vgl. Mertens, S. 46. Für: Annette Mertens, Himmlers Klostersturm – Der Angriff auf katholische Einrichtungen im Zweiten Weltkrieg und die Wiedergutmachung nach 1945 (Paderborn 2006), S. 46.

[156] Vgl. ebd.

[157] Vgl. ebd., S. 48 f.

[158] Vgl. ebd., S. 50.

[159] Vgl. ebd.

[160] Vgl. Leugers, S. 148 – für: Antonia Leugers, Gegen eine Mauer bischöflichen Schweigens – Der Ausschuss für Ordensangelegenheiten und seine Widerstandskonzeption 1941 bis 1945 (Frankfurt a. M. 1996).

[161] Vgl. Groothuis, S. 142 – für: Rainer Maria Groothuis, Im Dienste einer überstaatlichen Macht – Die deutschen Dominikaner unter der NS-Diktatur (Münster 2002).

[162] Vgl. ders, S. 100. Hier kann nur sehr verkürzt auf die Situation am Kolleg eingegangen werden. Sehr viel umfangreicher

und ausführlicher ist dies in der genannten Arbeit von Rainer Groothuis nachzulesen, was hiermit empfohlen sein soll.
[163] Vgl. Chronik des Dominikanerkonventes Vechta, 16.10.1933, S. 323 f.
[164] Vgl. Groothuis, S. 119.
[165] Vgl. ebd., S. 124.
[166] Vgl. dazu: Pater Laurentius Höhn, Prozessionen und Kreuze ganz anderer Art – Anmerkungen zu den Dreißiger Jahren in Vechta, in: 100 Jahre Dominikaner in Vechta – Festschrift zum Jubiläum (Vechta 2002), S. 108–125.
[167] Vgl. Brief von Pater Titus an Pater Provinzial vom 5.9.1933. Die Vorkommnisse um Herrn Krämer waren weit komplexer, als sie hier dargestellt werden können. Ein Treffen des pazifistischen »Friedensbundes deutscher Katholiken«, dessen Vorsitzender damals Pater Franziskus Stratmann OP war, hatte im Herbst 1932 ein Treffen im St. Joseph-Kolleg in Vechta abgehalten – dieses sicher mit dem Wissen und der Billigung von Pater Prior Titus Horten, jedoch sehr zum Missfallen von Pater Provinzial Laurentius Siemer, das dieser in einem Brief an Pater Reginald Weingärtner, den Rektor des Kollegs, zum Ausdruck brachte. Die Schulbehörde von Oldenburg reagierte auch auf den Fall und drängte auf eine Entlassung von Herrn Krämer, der als Lehrer des Kollegs an der Veranstaltung des Friedensbundes teilgenommen hatte. Pater Laurentius schrieb am 10. April 1933 diesbezüglich an Pater Präfekt Aurelius Arkenau: »Für Herrn Krämer kann ich jetzt nichts mehr machen. Wenn Oldenburg entsprechend handeln sollte, müssten wir einfach die Tatsachen hinnehmen. Für Krämer tut es mir leid, besonders auch für seine Familie. Für uns tut es mir nicht leid.«
[168] Vgl. Brief von Pater Titus an Pater Valentin vom 27.09.1933.
[169] Vgl. Zumholz, S. 276 f. – für: Maria Anna Zumholz, ›Verbrecher oder Märtyrer?‹ – Der Devisenprozess gegen die Dominikanerpatres Laurentius Siemer, Titus Horten und Thomas Stuhlweißenburg in Oldenburg, in: Willi Baumann u. Michael Hirschfeld (Hg.), Christenkreuz oder Hakenkreuz – Zum Verhältnis von katholischer Kirche und Nationalsozialismus im Land Oldenburg (Vechta 1999), S. 275–312.

[170] Vgl. ebd., S. 277.
[171] Vgl. ebd., S. 276.
[172] Vgl. ebd., S. 275 f.
[173] Vgl. ebd., S. 279.
[174] Vgl. Mertens, S. 56.
[175] Vgl. ebd.
[176] Chronik der Dominikanerinnen, Bd. 1, 09.08.1935 (Archiv Mutterhaus Ilanz).
[177] Dunkelmänner: So beschrieb man einen zwielichtigen Menschen, den man dunkler Machenschaften verdächtigt, Vertreter des Rückschritts.
[178] Chronik der Dominikanerinnen, Bd. 1, 09.08.1935 Archiv Mutterhaus Ilanz).
[179] Chronik der Dominikanerinnen, Bd. 1, 9.10.1935 (Archiv Mutterhaus Ilanz).
[180] Chronik der Dominikanerinnen, Bd. 1, 16.08.1935 (Archiv Mutterhaus Ilanz).
[181] Am 04.11.1936 gab Staatsminister Pauly den so genannten ›Kreuzerlass‹ heraus, der im Land Oldenburg die Entfernung aller Kreuze und Lutherbilder aus den Schulen und den öffentlichen Gebäuden anordnete. Diesem Erlass wurde mit scharfem Protest von Seiten der Kirchen, aber v. a. auch von Seiten vieler Privatpersonen begegnet, die den Verbleib der religiösen Zeichen forderten. Es war eine sonst beispiellose Form des gemeinsamen Protestes gegen das Regime, die auch tatsächlich die Rücknahme des Erlasses am 25.11.1936 durch die Staatsmacht erreichte.
[182] Vgl. Zumholz, S. 279.
[183] Vgl. ebd., S. 281.
[184] Vgl. Chronik der Ilanzer Dominikanerinnen Bd. 1, 12.03.1935 (!) (Archiv Mutterhaus Ilanz). Die Chronik ist hinsichtlich der Datumsangabe nicht ganz korrekt.
[185] Vgl. Zumholz, S. 281.
[186] Vgl. Siemer, Laurentius, Erinnerungen, S. 276.
[187] Vgl. Chronik der Ilanzer Dominikanerinnen, Bd. 1 (Archiv Mutterhaus Ilanz).
[188] Vgl. ebd., 08. Mai 1935.
[189] Vgl. ebd., 10. Mai 1935.

¹⁹⁰ Vgl. Bocklage an seine Verlobte Berta am 12.05.1935: »Pater Titus ist bei allen Vechtaern, ob Katholik oder Protestant oder Kommunist hoch geachtet und als heiligmäßiger Pater bekannt. Allen, die ihn kennen, blutet das Herz und mir ganz besonders, war er doch seit 6 Jahren mein Beichtvater. Gestern Morgen bin ich zum Bahnhof gewesen, um noch einmal den lieben Pater zu sehen. Er musste selbst seinen Koffer schleppen und an jeder Seite ein ›Geheimer‹.« (Archiv, Mappe ›Quellen‹).
¹⁹¹ Vgl. »Kirche und Leben« vom 16. Mai 1985.
¹⁹² Vgl. Scheeben, Christian 1959.
¹⁹³ Anders ging es hier offensichtlich dem ehemaligen Provinzial Pater Thomas Stuhlweißenburg. Nach Aussagen von Pater Willigis Erren hatte die Anklage dazu geführt, dass Pater Thomas sich selber solche Vorwürfe über eigenes Versagen machte, dass Pater Willigis schon von einem Wahn sprach. Pater Thomas sah sich gegenüber der Ordensprovinz schuldig, so dass ihn heftige Gewissensbisse plagten. (Vgl. Pater Willigis Erren an das Generalat, Köln, 14.10.1935, Quellen Nr. 9).
¹⁹⁴ So bezeugte Anwalt Schauenburg 1956: »Die der Verhandlung voran gegangenen Ermittlungen und vor allem die Verhandlungen selbst sind mit besonderer Gründlichkeit durchgeführt. Dabei trat vor allem bei der Verhandlung vor dem Schöffengericht in einer nur durch die damaligen Zeitverhältnisse verständlichen Weise der Wunsch hervor, zu einer Verurteilung der Angeklagten zu gelangen. Bezeichnend in dieser Hinsicht war, dass die von der Berliner Staatsanwaltschaft zu diesem Zweck besonders abgestellten Vertreter der Anklage sich in ihren mündlichen Darlegungen dreimal darauf beriefen, die von ihnen gestellten Anträge beruhten auf ausdrücklichen Anweisungen.« Vgl. Schauenburg, Hans – für: Hans Schauenburg, Zeugenaussage vom 22.02.1956 (Akte AR/6).
¹⁹⁵ Vgl. Scheeben, Christian 1959.
¹⁹⁶ Vgl. Fischermann, Benvenuta.
¹⁹⁷ Vgl. Schauenburg, Hans 1956.
¹⁹⁸ Vgl. Fischermann, Benvenuta.
¹⁹⁹ Vgl. Siemer, Laurentius 1947.
²⁰⁰ Vgl. Chronik des St. Joseph-Konviktes Vechta, Bd. 2, 29.10.1935.

[201] Vgl. Oldenburgische Staatszeitung vom 5.11.1935, 7. Jahrgang, Nr. 301.
[202] Vgl. Grafenhorst, Heinrich 1936 – für: Heinrich Grafenhorst, Erinnerungen vom 14.05.1936 (Akte B/G1).
[203] Vgl. Chronik des Dominikanerkonventes Vechta, 29.10.1935 (S. 347).
[204] Vgl. Chronik des St. Joseph-Konviktes Vechta, Bd. 2, 04.11.1935.
[205] Im Vergleich dazu steht die Meldung über den Freispruch von Pater Laurentius Siemer am 31. Januar 1936, der »aus Mangel an Beweisen« erfolgte, in keinem Verhältnis. Diese Notiz beträgt gerade einmal fünfzehn Zeilen auf Seite drei. Vgl. Oldenburgische Staatszeitung vom 31.01.1936.
[206] Vgl. Oldenburgische Staatszeitung vom 05.11.1935, 7. Jahrgang, Nr. 301.
[207] Vgl. Siemer, Laurentius, Manuskript seiner Erinnerungen, S. 299 f.
[208] Vgl. Schauenburg, Hans 1956.
[209] Vgl. Brief von Pater Titus an Mutter Priorin vom 07.11.1935.
[210] Brief von Pater Titus an Mutter Priorin am 01.06.1935.
[211] Brief von Pater Titus an seine Schwester am 04.08.1935.
[212] Brief von Pater Titus an Pater Vikar am 24.05.1935.
[213] Vgl. Brief von Pater Titus an Mutter Priorin vom 23.05.1935.
[214] Pater Thomas Stuhlweißenburg hatte sich am 3. Oktober 1935 in seiner Gefängniszelle das Leben genommen, weil er sich wohl, wie Pater Willigis Erren an den Socius des Ordensmeisters nach Rom schrieb, Vorwürfe dahingehend machte, dass er dem Orden schwer geschadet habe. Dieser Gedanke war für Pater Thomas zur Wahnvorstellung geworden, was durch seine Neigung zur übertriebenen Sorge und zu selbstpeinigenden Gedanken noch verstärkt worden war. (Vgl. Konventsarchiv Mappe ›Quellen‹ Nr. 9).
[215] Brief von Pater Titus an Mutter Priorin vom 14.07.1935.
[216] Pater Titus sollte aus gesundheitlichen Gründen auf Anraten des Arztes einige Wochen Urlaub machen. Kurz vor seiner Inhaftierung sollte diese Erholungszeit beginnen, was belegt, dass Pater Titus mit stark angeschlagener Gesundheit ins Gefängnis kam. Die bedrückende und Kräfte zehrende Situation verschlimmerte den körperlichen Zustand zunehmend, sodass

diese Umstände sicher zum Tode führten. Pater Otmar Decker bezeugt 1957: »Es ist die Wahrheit, dass Pater Titus gerade zu der Zeit, als seine Verhaftung erfolgte, zu einem Erholungsurlaub verreisen sollte, weil er erholungsbedürftig war, er war aber keineswegs direkt krank oder schwach. Unter normalen Verhältnissen hätte er noch jahrelang seine Ämter verwalten können.« (Akte B/D2).

[217] Brief von Pater Titus an seine Schwestern vom 30.05.1935.
[218] Vgl. Grafenhorst, Heinrich.
[219] Vgl. Brief von Pater Titus an Pater Prior vom 03.06.1935.
[220] Vgl. Brief von Pater Titus an Mutter Priorin vom 10.06.1935.
[221] Vgl. Brief von Pater Titus an Mutter Priorin vom 12.06.1935.
[222] Vgl. Brief von Pater Titus an Pater Prior am 10.06.1935.
[223] Vgl. Brief von Pater Titus an Mutter Priorin vom 18.06.1935.
[224] Vgl. Brief von Pater Titus an Pater Innozenz vom 27.11.1935.
[225] So schreibt Johanna Horten ihrem Bruder am Weihnachtstag: »Wie innig waren wir gestern und heute vereint! (…) Und ich hoffe, dass Jesus in der Stille Deiner Einsamkeit Dir vieles gesagt hat und Dir viel Freude bereitet hat (…) Mir scheint, wir waren in diesem Jahr inniger vereint als sonst. Alle Geschwister Gedanken flogen am hl. Abend gewiss in Deine Zelle und Papa und Mama, Helene und Paul waren auch dort. So waren wir also bei Dir alle vereint.« (Brief von Johanna Horten an Pater Titus am 25.12.1936 / Akte P/H23).
[226] Vgl. Brief von Pater Titus an Mutter Priorin vom 24.06.1935.
[227] Ebd.
[228] Vgl. Brief von Pater Titus Horten an Mutter Priorin vom 07.07.1935.
[229] Undatierte Notiz aus dem Nachlass von Pater Titus.
[230] Vgl. Brief von Pater Titus an Mutter Priorin vom 28.11.1935. Auch in anderen Briefen erwähnt Pater Titus diesen von ihm geschätzten Kirchenlehrer Johannes vom Kreuz, z. B. am 14.06.1935, 30.06.1935, 23.08.1935, 12.09.1935, 10.11.1935, schließlich noch am 05.01.1936.
[231] Vgl. Johannes Boldt (Hrsg.), Johannes vom Kreuz, S. 15, in: Zeugnisse mystischer Welterfahrung, Johannes vom Kreuz (Olten 1980).
[232] Vgl. Brief von Pater Titus an Mutter Priorin vom 31.08.1935.

233 Vgl. Brief von Pater Titus an Sr. Benvenuta vom 05.01.1936.
234 Vgl. Brief von Pater Titus an Mutter Priorin vom 04.08.1935. Er bezieht sich dabei auf den Kampf Jakobs mit Gott am Jabbok (Gen 32,23–33).
235 Vgl. Pater Placidus Wehbrink OP, Fragen nach Beispielen und Beweisen für das Tugendleben, vom 05.03.1956 (Akte B/W1).
236 Vgl. Grafenhorst, Heinrich.
237 Vgl. Bericht des Landesmedizinalrates Dr. Reuter (Konventsarchiv Mappe ›Quellen‹ Nr. 6).
238 Vgl. Grafenhorst, Heinrich.
239 Vgl. Siemer, Laurentius.
240 Vgl. Grafenhorst, Heinrich.
241 Vgl. Bericht des Landesmedizinalrates Dr. Reuter (Konventsarchiv Mappe ›Quellen‹ Nr. 6).
242 Vgl. Chronik des St. Joseph-Konviktes Vechta, Bd. 2, 16.01.1936.
243 Vgl. Grafenhorst, Heinrich.
244 Vgl. Chronik des St. Joseph-Konviktes Vechta, Bd. 2, 24.01.1936.
245 Vgl. Brief von Sr. M. Natalia Bedbur an die Schwestern in Ilanz vom 06.02.1936 (Konventsarchiv, Ordner B).
246 Vgl. ebd.
247 Vgl. Erklärung des Obduktionsberichtes durch Herrn Dr. Kurt Schimke (Original im Konventsarchiv, Mappe ›Quellen‹ Nr. 12).
248 Ebd.
249 Ebd. Dieses Problem ist hinsichtlich der Frage von Belang, ob man Pater Titus als Märtyrer ansehen kann oder nicht, ob er also eines gewaltsamen Todes für den Glauben starb oder nicht. Die medizinischen Aussagen belegen, dass direkte physische Gewalt nicht angewendet wurde. Darauf gibt es auch keinerlei Hinweis anderer Zeugen. Aber zweifellos waren die Gefängnishaft, die Strapazen der Verhöre und der Verhandlungen, die ungerechtfertigte Anklage und die Verleumdung in der Presse eine solch psychische Belastung, begleitet nur durch mangelhafte ärztliche Betreuung, dass hier der Herztod und die Lungenembolie als Folge angesehen werden können. Insofern kann man von Gewalteinwirkung sprechen. Und dass die Devisenprozesse einen gezielten Angriff des Staates auf die Kirche und die Ordensgemeinschaften darstellten, ist wohl kaum

zu bestreiten. In diesem Sinne ist die Rede von dem ›Märtyrer Pater Titus‹ gerechtfertigt.
250 Vgl. Grafenhorst, Heinrich.
251 Vgl. Chronik des St. Joseph-Konviktes Vechta, Bd. 2, 26.01.1926.
252 Vgl. Fischermann, Benvenuta.
253 Vgl. Chronik des St. Joseph-Konviktes Vechta, Bd. 2, S. 555 ff.
254 Vgl. ebd.
255 Vgl. ebd.
256 Vgl. Brief von Sr. M. Natalia Bedbur an die Schwestern in Ilanz 1936 (Konventsarchiv Ordner B).
257 Vgl. Beckmann, Clementia 1936.
258 Vgl. Konventsarchiv, Mappe Biografisches (1), Nr. 3; vgl. auch Pfarrarchiv St. Georg, Karton Nr. 51.
259 Vgl. Schreiben des Reichspostministers an die Reichspostdirektion Oldenburg vom 22.02.1936 (Konventsarchiv Mappe ›Quellen‹ Nr. 17).
260 Vgl. Auszug aus den Akten der Generalstaatsanwaltschaft beim Landgericht Berlin, Sonderstaatsanwaltschaft, Notiz des SS-Oberabschnittes Nordwest vom 12. Oktober 1936 (Konventsarchiv, Mappe ›Quellen‹, Nr. 7).
261 Das Publicandum im Wortlaut: »Von dieser Stelle aus hatten wir s. Zt. eingeladen zur Beteiligung am Begräbnis unseres langjährigen Beichtvaters und Seelsorgers Pater Titus. Die Pfarrangehörigen sind dieser Einladung recht zahlreich gefolgt; wir danken ihnen dafür. Nun ist in letzter Zeit mehrfach der Vorwurf erhoben worden, als hätten die Teilnehmer an dieser Beerdigung durch ihre Teilnahme eine staatsfeindliche Haltung und Gesinnung gezeigt. Im Namen unserer Mitbrüder und im Namen unserer Pfarrangehörigen müssen wir von dieser Stelle aus mit allem Nachdruck Verwahrung einlegen gegen eine solche Auffassung. Die Beerdigung dieses Priesters, der lange Jahre als Seelsorger in der Gemeinde wirkte, war eine rein kirchliche Angelegenheit ohne jeden politischen Einschlag. Der Verstorbene genoss im ganzen Volke solche Hochachtung, dass keiner, der ihn kannte, ihn für einen Verbrecher hielt und es auch bis heute nicht tut. Eine Entscheidung über die ihm zur Last gelegten Vergehen lag noch nicht vor, da das gefällte Urteil infolge der eingelegten Revision noch

nicht rechtskräftig war. Im Augenblick der Beerdigung war also P. Titus von keiner autoritativen und befugten Stelle als Verbrecher erklärt. Wer darum, ohne den Rechtsspruch abzuwarten, den Verstorbenen als ehrlosen Verbrecher bezeichnet, begeht damit eine unverantwortliche Schmähung. Auch später ist diese Erklärung als Verbrecher von Seiten des Gerichtes nicht erfolgt. Im Gegenteil: Am Tag darauf wurde der wegen ähnlicher Vergehen zu ähnlicher Strafe verurteilte Pater Laurentius freigesprochen und zwar, wie das Gericht ausdrücklich erklärte, wegen erwiesener Unschuld. Wir haben allen Grund, anzunehmen, dass auch P. Titus, wenn er die Haft überstanden hätte, freigesprochen wäre. Unter diesen Umständen P. Titus als einen Verbrecher zu bezeichnen, ist reine Willkür, ebenso wie die Bezeichnung der Begräbnis-Teilnehmer als Staatsfeinde. An der Beerdigung von P. Titus zahlreich teilzunehmen, war für die Gemeinde eine Ehren- und Dankespflicht. Denn ungefähr zwei Jahrzehnte hatte der Verstorbene in gewissenhafter, vorbildlicher Weise in der Seelsorge gewirkt, und wohl jeder Teilnehmer war irgendwie dem Toten zu Dank verpflichtet. Diese Erfüllung einer selbstverständlichen Dankespflicht als staatsfeindliche Haltung bezeichnen, heißt die Grundlage der menschlichen Beziehung erschüttern, heißt die christliche Auffassung von Trauer, Liebe und Gerechtigkeit untergraben. Die Pfarrgeistlichen, Hermes, Pfarrer.« (Vgl. Archiv AD/5).

[262] Vgl. Bericht d. Landesmedizinalrates Dr. Reuter vom 4. März 1936 (Konventsarchiv, Mappe ›Quellen‹ Nr. 6).

[263] Vgl. Brief von Pater Titus an Mutter Priorin am 24.06.1935.